JN410128

내 인생의 사계

국제PEN한국본부 창립70주년기념 산문선집 13

한혜정 수필집

International PEN-Korea Center pen

교음사

국제PEN헌장

국제PEN은 국제PEN대회 결의에 따라 다음과 같이 헌장을 선포한다.

1. 문학은 각 민족과 국가 단위로 이루어지나, 그 자체는 국경을 초월하여 그 어떤 상황 변화 속에서도 국가 간의 상호 교류를 유지해야 한다.
2. 예술 작품은 인간의 보편성에 바탕을 두고 길이 전승되는 재산이므로 국가적 또는 정치적 권력으로부터 간섭을 받아서는 안 된다.
3. 국제PEN은 인류 공영을 위해 최대한의 영향력을 발휘해야 하며 종족, 계급 그리고 민족 간의 갈등을 타파하는 동시에 전 세계 인류가 평화롭게 살아갈 수 있다는 이상을 실현하기 위하여 최선을 다해야 한다.
4. 국제PEN은 한 국가 안에서나 또는 세계 여러 나라에서 사상의 교류가 상호 방해 받지 않는다는 원칙을 준수하며, PEN 회원들은 각자 국가나 지역사회에서 어떤 형태로든 표현의 자유를 억압하는 데 반대할 것을 선언한다. 또한, PEN은 출판 및 언론의 자유를 주창하며 평화시의 부당한 검열을 거부한다. 아울러 PEN은 정치와 경제의 올바른 질서를 지향하기 위해 정부, 행정기관, 제도권에 대한 자유로운 비판이 필수적이고 긴요하다는 사실을 확신한다. 이와 함께 PEN 회원들은 출판 및 언론 자유의 오용을 배격하며, 특정 정치 세력이나 개인의 부당한 목적을 위해 사실을 왜곡하는 언론 자유의 해악을 경계한다.

   이러한 목적에 동의하는 모든 자격 있는 작가들, 편집자들, 번역가들은 그들의 국적, 언어, 종족, 피부 색깔 또는 종교에 관계없이 어느 누구라도 PEN 회원이 될 수 있다.

국제PEN한국본부 연혁

국제PEN본부는 1921년에 창립되어 2022년 3월 현재 145개국 154개 센터가 회원으로 가입돼 있는 세계적인 문학단체이다. 국제PEN본부는 영국 런던에 본부를 두고 있으며 특히 UN 인권위원회와 유네스코 자문기구로 현재 전 세계 문인, 번역가, 편집인, 언론인들의 표현의 자유를 옹호하고 인권 문제를 다루고 있는 단체이다.

한국PEN은 1954년 9월 15일 변영로·주요섭·모윤숙·이헌구·김광섭·이무영·백철 선생 등이 발기하여 같은 해 10월 23일 당시 서울 소공동 소재 서울대학교 치과대학 강당에서 창립총회를 열고 국제펜클럽한국본부로 공식 출범하였다. 국제펜클럽한국본부는 그 이듬해인 1955년 6월 비엔나에서 열린 제27차 세계대회에서 정식회원국으로 가입하고 그해 7월에 인준을 받아 오늘에 이르렀으며 2022년 3월 현재 회원 수는 4,000여 명이다.

사)국제PEN한국본부(International PEN Korea Center)는 역사와 권위를 자랑하는 국제적 문학단체로서 회원들의 양심과 소신에 따른 저항권과 표현의 자유를 옹호하고 구속 작가들의 인권문제를 다루며 한국의 우수 문학작품을 번역, 세계 각국에 널리 알리고 우리 민족의 고유문화와 전통문화 등을 해외에 소개하는 한편 세계 각국과 문화 교류 및 친선을 도모하는 데 주도적 역할을 담당하고 있다.

1954. 10. 23.	국제펜클럽한국본부 창립
1955.	제27차 국제PEN비엔나대회에서 회원국 가입
	『The Korean PEN』 영문판 및 불어판 창간
1958.	국내 최초 번역문학상 제정
1964.	PEN 아시아 작가기금 지급(1970년 제6차까지)
1970.	제37차 국제PEN서울대회 개최(60개국 참가)
1975.	『PEN뉴스』 창간. 이후 『PEN문학』으로 제호 변경
1978.	한국PEN문학상 제정
1988.	제52차 국제PEN서울대회 개최
1994.	제1회 국제문학심포지엄 개최
1996.	영문계간지 『KOREAN LITERATURE TODAY』 창간
2001.	전국 각 시도 및 미주 등에 지역위원회 설치
2012. 9.	제78차 국제PEN경주대회 개최
2015. 9.	제1회 세계한글작가대회 개최
2016. 9.	제2회 세계한글작가대회 개최
2017. 9.	제3회 세계한글작가대회 개최
2018. 11. 6~9.	제4회 세계한글작가대회 개최
2018. 8. 22.	정관개정에 의해 국제PEN한국본부로 개명
2019. 2.	PEN번역원 창립
2019. 11. 12~15.	제5회 세계한글작가대회 개최
2020. 10. 20~22.	제6회 세계한글작가대회 개최
2021. 11. 2~4.	제7회 세계한글작가대회 개최
2022. 11. 1~4.	제8회 세계한글작가대회 개최

국제PEN한국본부 창립 70주년 기념 선집을 발간하며

국제PEN한국본부는 1954년에 창립되고 이듬해인 1955년 6월 오스트리아의 빈에서 열린 제27차 국제PEN세계대회에서 회원국으로 가입되었다. 초대 이사장은 변영로 선생이 맡고 창립을 주선했던 모윤숙 시인이 부이사장을 맡았다. 이하윤, 김광섭, 피천득, 이한구 등과 함께 창립의 중심 역할을 했던 주요섭이 사무국장을 맡았다.

6·25한국전쟁이 휴전된 지 겨우 1년이 되는 시점에 이루어 낸 국제PEN한국본부의 창립은 매우 깊은 의미를 담는 거사였다. 그동안 국제PEN한국본부는 세 차례의 국제PEN대회와 8회의 세계한글작가대회를 개최하며 수많은 국내외 행사를 주최해 왔다. 이에 내년 2024년에는 창립 70주년을 맞이하게 되어 그 기념사업의 일환으로 PEN 회원들의 작품 선집을 발간하기로 하였다.

여러 가지 기념사업을 진행하지만 회원들의 주옥같은 작품집을 선집으로 집대성하여 남기는 일은 가장 중요하고 의미 있는 일이라 생각한다.

시와 산문으로 구성되는 선집은 우리 한국문학사의 중요한 족적을 남기는 귀중한 역사 자료로서의 가치를 갖게 되리라고 믿으며 겸허한 마음으로 70주년을 자축하는 주요 사업으로 진행하게 된다.

참여해 주신 회원들께 감사하며 어려운 여건 속에서도 기꺼이 출판을 맡아 준 기획출판 오름의 김태웅 대표와 도서출판 교음사 강병욱 대표에게 심심한 감사를 드린다.

2023년 3월

국제PEN한국본부 이사장 김용재

책을 내며

'삶, 난 신나게 살겠다.' -비발디

'삶, 난 신나게 살았다. 앞으로도 쭉 그렇게.' -한혜정

내 삶에 글쓰기가 들어온 지 어느덧 10년이 훌쩍 넘었다. 첫 번째 수필집 『청석두리 이야기』에 이어 두 번째 『내 인생의 사계』를 내게 되었다. 돌아보니 내 인생에도 사계가 보인다.

봄에 움트는 새싹처럼, 나의 봄에는 전쟁 속에서도 살아남은 치열한 생명의 힘이 있었다. 덕분에 내 인생의 여름은 찬란히 빛날 수 있었고, 그 밝은 햇빛을 지나 나의 가을은 풍성하게 익어갔다. 낙엽이 하나둘 떨어지며 겨울을 맞이하듯, 나의 곁을 떠나간 사람들이 남긴 아름다운 여운을 생각하며 나의 겨울은 그래도 따뜻하다.

내 인생의 사계는 나만의 것은 아니다. 내 인생을 빛내준 수많은 만남들로 인해 나는 더욱 성장하고, 성숙할 수 있었고, 행복했다. 그들로 인해 내 삶은 가치와 의미의 옷을 입고 익어갈 수 있었음에 감사한다.

이 글을 통해 내 삶의 한 귀퉁이를 슬며시 내보이며, 독자들에게 나의 봄으로부터의 꽃잎과 내 여름의 푸른 잎사귀, 가을의 풍성한 열매, 그리고 겨울의 새하얀 눈꽃송이를 선물하고 싶다.

내 인생을 빛내준 분들에게 감사와 사랑을 전한다. 또 하나의 결실을 맺도록 도와주신 오경자 교수님, 월간 『수필문학』의 강병욱 대표님과 류진 편집장님, 격려와 지지를 보내준 오랜 글벗들에게도 감사의 마음을 전한다.

내 인생의 사계에 아름다운 선율을 남겨주고 간 남편(양진석)에게 이 책을 바친다.

2023년 11월, 안암동 서재에서

저자 한혜정

차례

▸ 책을 내며

1. 봄 - 지나간 계절

자유를 찾아서 … 20
블라우스가 예쁘구나! … 27
할머니가 들려주신 이야기 … 32
사고 치고 전화위복 … 38
제비 5남매 … 43
칭찬의 힘 … 47
잉어 피 … 51
홀인원(HOLE IN ONE) … 56

2. 여름 - 화양연화(花樣年華)

한 개를 배워서 열 개를 … 62
두둑한 화선지에 쌓이는 애정 … 66
모르는 게 약 … 70
내 인생의 전성기 … 74
추억의 향기 … 78
어떻게 운영할까? … 83

3. 가을 - 익어감

아! 깜빡했네 … 90

바나나를 버스에 놓고 내리다 … 94

만점입니다 … 98

삑삑, 삑 … 103

어떻게 해야 할지 모르겠어 … 107

늦깎이 초보운전 … 112

애프터서비스 … 116

다이어트 … 121

집주인이 되고 싶다 … 125

그날이 언제 올까 … 129

오! 나는 똑똑해 … 133

꽃잎을 날리며 … 137

빨간 가방 … 141

4. 겨울 – 이별의 여운

잊히지 않는 사람들 … 146
십 년 세월 … 152
말없이 떠나간 동서 … 157
아름다운 뒷모습 … 164
희자야 잘 지내니? … 167
백구와 메리의 추억 … 172

5. 소중한 만남

모이면 항상 젊어 … 178
백신 맞는 날 … 182
악한 끝은 없어도 선한 끝은 있다 … 187
1박 2일 … 192
티끌 모아 태산 … 198
병문안 … 204
삼총사의 우정 … 208
친구가 위험해 … 212
고마운 친구 … 216
벗님네들 안녕하신지요 … 221
알바하다 보석 얻다 … 225

6. 소소한 행복

나이는 숫자다 … 232
실버타운에서 … 237
스포츠센터 … 241
하모니카와 실버타운 … 246
탁구 삼매경 … 250
기다림 … 254
시동 꺼지면 절대 안 돼 … 259
운동하고 올게, 집 잘 보고 있어! … 263

한혜정의 수필세계 / **오경자**(수필가, 문학평론가) … 269

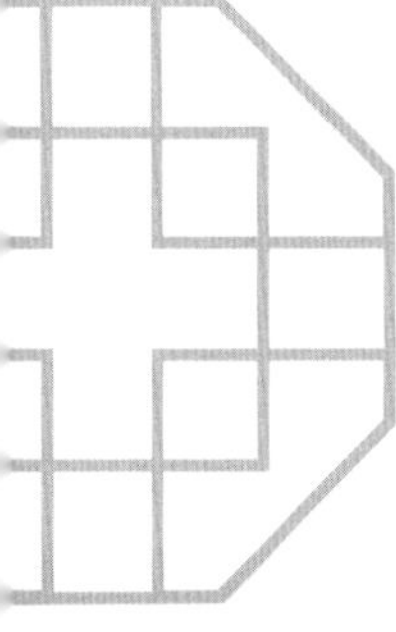
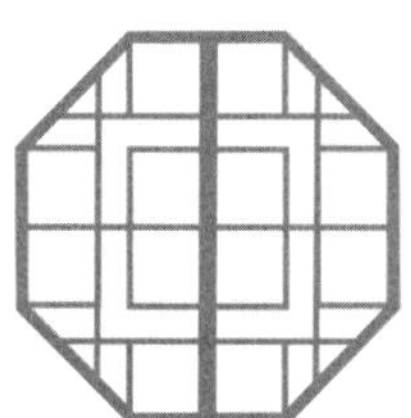
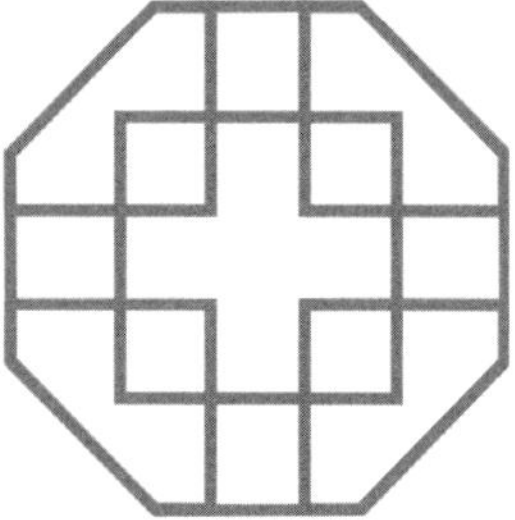

1

봄
– 지나간 계절

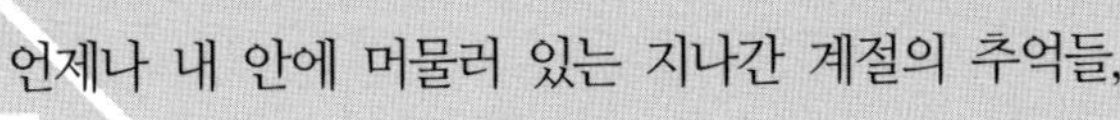

언제나 내 안에 머물러 있는 지나간 계절의 추억들,

그것들이 오늘의 나를 있게 했다.

자유를 찾아서

곧 이루어질 것 같던 통일은 오지 않고, 세월만 흘러 정전된 지도 벌써 70년이 되었다. 6·25전쟁 때 겪었던 일들이 주마등처럼 지나간다. 전쟁 3년 동안 고스란히 이북에서 보낸 일들을 생각하면, 무섭고 배고팠던 일들만 먼저 떠오른다. 그 시절, 먹을 것이 없어서 언니, 오빠는 엄마 대신 장사를 하러 가고, 나는 가을이면 논밭에 가서 이삭을 주웠다.

"고놈의 에무나이 땜에 하나도 못 줍겠네."

내 손이 얼마나 빨랐는지, 같이 이삭을 줍던 아주머니는 불평을 했었다. 그때는 곡식 한 알이라도 양보할 수 없었던 것 같다. 수수, 팥, 콩밭에 가서도 악착같이 이삭을 주워 한데 합쳐서 도리깨질을 하여 양식을 마련하기도 했다. 또 겨울에는 산에서 가랑잎들과 잔가지들을 긁어모아 바짝 말려서 불을 때어 겨울을 난다.

어머니가 장사한다고 사리원의 대형 방공호에 가셨다가 비행기 폭격으로 폭삭 무너지는 바람에 흙더미에 파묻혔다. 그때 200명가량의 사람들이 압사 당했다. 어머니 한 사람만 구사일생으로 목숨을 부지했다. 피가 도랑물처럼 흘러내렸다. 누워서 꼼짝도 못하시는 어머니를 향하여 저 집에 산송장이 있다고 동네 사람들이 수군거렸다. 여름이라 냄새도 고약하고 얼굴과 몸은 말할 수 없이 마르셨다. 콩 이삭을 주워 맷돌에 갈아서 콩죽을 쑤어 입에 넣어드리고 산에 가서 넓적한 나뭇잎을 따다가 부채질하여 파리와 모기를 쫓았다. 어느 날 오빠가 산에 갔다가 오소리 한 마리를 잡아왔다. 이웃이 가르쳐 준 대로 오소리를 손질하여 푹 끓여 여러 날 드리며 정성을 다했다. 그래서인지 돌아가신다고 했던 어머니는 6개월 만에 일어나셨다. 우리들은 너무 좋아서 "야! 어머니가 살아나셨다."라며 만세를 불렀다.

사범학교 교사로서 사상교육을 잘못했다고 반동으로 몰렸던 아버지는 어느 날 산에서 식량을 가지러 집으로 오시다가, 내무서원에게 붙잡혀 보안서로 끌려가 치안대의 아지트를 대라고 갖은 고문을 당하셨다. 곧 죽을 것 같아 시간을 벌자는 마음에 아지트를 대겠다 했다. 양손을 뒤로 묶인 채 산 가까이 오다가, 대장에게 산이 험해서 군경들에게 밥을 먹여야 올라갈 수 있다고 말했다. 마지막 밥상이 들어갈 때, 대장에게 "아까부터 배가 아파서 변소에 갔다 오겠으니 종이 좀 주시오."라고 하자, 구수한 밥 냄새에 잠시 느긋해졌는지 별말 없이 주머니에서 종이를 꺼내 주었다. 아버지는 변소에 가는 척하고 마당을 돌아서자마자 논둑 밭둑 가리지 않고 사정없이 뛰어 산속으로 진입하셨다. 5분쯤 지났을까? “땅! 땅! 따따따따” 총소리가 연발 나더니, 인민군과 경찰들이 쫓아오는 소리가 들렸다. 한 시간 이상 총소리가 요란하더니 산 전체가 깜깜해지고, 총소리도 멎었다. 샘막장(샘물이 나오는 샘터)에서는 치안대원들이 총소리를 듣고는 식량도 떨어지고 더 버틸 수 없으니 내일 아침 해변에서 만나기로 하고 모두 흩어졌단다. 다음 날 아침 다행히 대원 한 사람을 만나 약속한 해변으로 달려가니 전원이 배에 타고 마지막 닻줄을 풀고 있었다. 몇 분만 늦었더라도 배에 오르지 못했을 것이었단다. 순간순간이 아슬아슬한 아버지의 생명 연장이었다.

무사히 월남하신 아버지는 가족들을 데려오기 위해 곰곰이 생각하다가 우선 돈을 벌기 위해 인천에서 가장 큰 축현초등학교에 가서 교장에게 사정 이야기를 하니 교감자리를 주겠다고 했다. 그때가 1952년 11월쯤이며 남한에서는 복구 작업이 한창이었다. 아버지는 이곳에 안주하면 가족 구출 활동을 할 수 없다고 판단하시고, 음악 교사로서 모든 악기를 다 고칠 수 있으니 일감을 달라고 했다. 교장은 피아노, 풍금부터 고쳐 달라고 하여 피아노 조율과 풍금을 뜯어 리드를 고쳐 쓸 수 있게 해 주었더니 만족해하며 아버지의 실력을 인정하였다. 그 후 여러 학교를 소개해 주어 악기를 많이 조율해 주었는데, 아버지는 중고등학교에까지 알려져 브라스 밴드악기 등 모든 악기를 조율하여 돈을 많이 벌었고, 그 돈으로 청주에 작은 악기점을 냈다고 하셨다.

아버지는 강화도의 최 일선에 있는 민법이라는 조그만 섬의 군부대를 찾아가 가족을 데려올 수 있는 방법을 알게 되었다. 즉, 돈을 받고 이북을 드나들며 사람을 데려오는 안내자를 알게 된 것이다. 아버지 증명사진 뒤에 "이 사람을 따라오시오."라고 써서 안내자에게 주어 이북으로 보냈다. 그 즈음 북한에 있었던 우리 식구들은 반동분자라고 집에서 쫓겨나와 잠잘 곳, 먹을 것을 구하기 위해 어머니는 어린 것들을 데리고 동굴 속에서도 자며 시골로 전전했다. 잘 아는 집에 아이 하나를 맡기기도 하면서 지내던 차에, 아버지가 보낸 첫 번째 안내자를 만나 연안까지 왔으나, 그 안내자는 아이들이 어리다는 이유로 우리를 버려두고 그냥 가버렸다.

연안에서의 생활은 정말 어려웠다. 낮에는 산으로 들어가 비행기 폭격을 피하고, 때때로 들에서 메뚜기도 잡아오고 바닷가에서 게도 잡아와 볶아 먹고 끓여 먹으며 지냈다. "콰앙 쾅" 비행기 폭격 소리는 여전히 들려왔다. 어느 날 메뚜기를 잡아 가지고 오다가 총을 멘 인민군과 마주쳤다. 인민군이라면 진저리칠 정도로 무서운데, 굳어 있는 나를 보더니 "너 사람이니, 전봇대니?"라며 쳐다보고는 그래도 해치지 않고 얌전히 지나갔다. 내 인생에서 그때가 가장 말랐던 것 같다. 길가에는 코스모스가 피어 한들거리고 스산한 바람이 살갗을 스칠 땐 어린아이지만 쓸쓸한 가을을 느꼈다.

그러던 중 아버지가 보낸 두 번째 안내자가 저녁때 갑자기 찾아왔다. 어머니의 부상으로 15세 된 언니가 가장 노릇을 하고 있을 때다. 언니는 다이아찡, 아스피린을 가지고 재령으로 가서 팔면 두 배가 남는다고 하여, 그날 떠나서 내일 오기로 되어 있었다. 안내자는 배가 오늘 밤에 약속이 되어서 지금 떠나야 한다고 막무가내로 서두른다. 어머니는 딸을 두고는 못 간다고 했다. 안내자는 내일 와서 딸을 데려가겠다고 약속하며 빨리 가야 한다고 더욱 서둘렀다. 할 수 없이 언니를 기다리지 못하고 우리끼리만 떠났다. 썰물을 이용하여 가는 것이다. 갯벌이 미끄러워 곤두박질을 수없이 하며 걸었다. 안내자가 중간에 길을 잃어버려 늪을 몇 군데씩 건너며 죽을 둥 살 둥 뛰었다. 밀물시간이 다가와 물귀신이 될 뻔했다. 그래도 약속된 배를 타고 우여곡절 끝에 구사일생으로 월남에 성공했다. 작은 섬 민법에 도착한 것이다. 두고 온 언니 생각에 걱정되고 눈물이 났다. 언니는 재령에서 돌아와 식구가 모두 떠난 걸 알고 얼마나 놀랐을까?

다음 날 아버지가 오셨다. 너무 반가워 꿈만 같았다. 그런데 아버지는 여러 안내자를 사서 우리에게 보내느라 돈이 다 들어가서 생활이 아주 궁핍하셨다. 그 후에도 언니를 데려오기 위해 계속 안내자에게 돈은 나갔다. 아침에 보리밥 한 그릇으로 점심까지 해결해야 하는 배고픈 시절이 다시 왔다. 그래도 우리를 힘들게 했던 내무서원이 오는 일은 없으니 마음은 자유로웠다. 워낙 배고픈 때라 교회에서 피란민에게 주는 우유죽이 도움이 되었다. 우리 남매들은 나이에 맞추어 학교에 다니게 되어 행복하기도 했다. 우리를 데려온 안내자는 언니를 데려온다고 다시 북으로 넘어간 후 소식이 없다. 언니가 빨리 우리 가족의 품으로 돌아오기를 기다렸다. 그러면서 또 3년의 세월이 흘러갔다. 내가 6학년 때, 인천 조사기관에서 '딸 월남 도착'이라는 전보가 왔다. 아버지가 많은 안내자를 보냈지만, 언니와는 연결이 되지 않았다. 부모와 형제들을 꼭 만나야 한다는 언니의 결심과 끈질긴 노력으로 헤어진 지 3년 만에 월남에 성공한 것이다. 후에 언니에게 들어보니, 이북에서 친구 오빠가 국군인데 동생을 데리러 온다는 말을 듣고 애걸복걸하여 그들과 함께 월남할 수 있었다고 했다.

우리 남매들은 성인이 되었고 부모님도 많이 늙으셨다. 통일전망대에서 이북 땅을 한없이 바라보시던 아버지의 모습이 눈에 아른거린다. 아버지는 통일되기를 그렇게도 간절히 바라셨지만 87세의 일생이 끝날 때까지도 그 소원은 이루어지지 않았다. 속절없이 흐르는 세월은 어느덧 6·25전쟁 73주년과 휴전 70주년을 맞이하게 했다.

6·25 시대의 부모님은 거의 떠나시고 이제 우리가 부모님만큼 늙어가고 있다. 공산당이 싫어서 죽을힘을 다해 남으로 오셨던 부모님은 북에 두고 온 삶의 터전을 남쪽에 다시 세우시느라 열심히 일하셨으며 자녀교육에도 헌신하셨다. 나 또한 초등학교 교사가 되어 사명감을 가지고 아이들을 열심히 가르쳤고, 특히 반공교육을 철저히 하며 정년퇴직을 맞이했다. 이것이 나의 애국하

는 길이었다.

요즘 대한민국의 위정자들은 정신을 못 차리는 것 같다. 똘똘 뭉쳐도 북한 괴뢰집단을 막기에 만만치 않을 텐데, 서로 부정하고 헐뜯는 그들의 행동들을 보면 국민들은 언제나 불안감을 면치 못한다. 더구나 북한을 찬양하는 넋 빠진 정치인들은 소속이 남한인가, 북한인가 의심스럽다. 모든 게 깨지고 부서지는 우크라이나의 난민을 보면서 전쟁은 절대로 일어나지 말아야 한다고 주먹이 꽉 쥐어진다.

진정 나라를 사랑하는 정치인이라면, 아픈 역사와 피땀으로 이룬 지금의 대한민국을 잊어서는 안 된다. 6·25 세대들은 돌아가시고 늙어지는데, 젊은 세대들은 아픈 전쟁의 역사를 잊고 지내는 것 같아 안타까운 심정이다. 진정한 애국자라면 국방력을 튼튼히 하고, 유비무환의 정신을 항상 잊지 말아야 하며, 6·25전쟁과 같은 동족상잔의 아픔을 겪는 일이 절대로 일어나서는 안 된다는 것을 백번 명심해야 할 것이다.

6월 호국보훈의 달에 통일동산에 잠드신 부모님과 이북 5도민의 묘소를 찾아 참배할 때마다 사선을 넘던 어린 시절의 기억이 생생히 떠오르며, 내 자손들은 이런 전쟁을 다시는 겪지 말아야 한다는 다짐을 한다.

"아버지! 어머니! 자유 대한에서 살 수 있게 해 주셔서 감사합니다."

(2023. 5. 14.)

블라우스가 예쁘구나!

청주에서 초등학교 5학년 때의 일이었다. 여자 담임선생님은 예쁘고 날씬하며 특히 무용과 노래를 잘 가르쳐 주셨고, 점심시간에는 점심도 안 드시고 동화책을 읽어 주셨다. 진달래와 철쭉, 할미꽃, 백일홍 등, 꽃의 전설을 읽어 주시는 동안 우리들은 선생님의 낭랑한 목소리를 들으며 내용이 슬플 때는 눈물을 뚝뚝 흘리면서 점심을 먹었다. 방과 후에는 책걸상을 뒤로하고 간단한 리듬체조를 가르쳐 주기도 하여 즐거웠다.

어느 날 체크무늬의 블라우스를 입고 주번이라 일찍 학교에 갔다. 주번(당번)이 되면 남보다 일찍 가서 교실 정리도 하고 주전자에 물도 채워 컵과 함께 쟁반에 담아 놓는다. 선생님은 주번 완장을 팔에 채워주시며 "블라우스가 예쁘구나." 하시는 말씀이 참 정다웠고 그때의 선생님 얼굴이 빨간 사과처럼 예뻐 보였다. 블라우스는 구호품이지만 예쁘다고 칭찬을 들으니 기분도 좋고 구호품을 보내준 사람이 고마웠다.

지난날을 돌아보면 참으로 안타깝다. 동족상잔의 아픔을 겪었으면서도 통일을 이루지 못한 채 6·25전쟁이 잠시 중단되었고, 더 안타까운 것은 남북이 가로막힌 38선이 휴전선으로 바뀌고 휴전이 되었던 것이다. 그 후로 남한은 미국이, 북한은 소련이 관심을 갖고 대치했다. 남한에서는 폭격으로 깨지고 부서진 건물 등 복구 작업이 한창이었다. 교회에서는 옥수수를 넣어 만든 우유죽을 피난민들에게 나누어 주니, 피난민이었던 우리 식구들은 고맙게 받아먹을 수 있었다. 미국으로부터 우유가루와 생활에 필요한 원조물품이 많이 전달되었다. 사람들은 일단 전쟁이 끝나고 평화가 온 듯 마음은 안정되었으나 삶이 팍팍했다. 북에서 온 피난민들은 부족한 의식주에 더욱 힘들게 살았다. 그래도 구호품이 있으니, 얼마나 다행인가! 선생님께서 예쁘다고 칭찬해 주신 블라우스도 미국에서 보내준 구호물자가 아닌가! 이것을 교복처럼 입고 다녔던 어린 시절의 추억이 지금도 생생하다.

그 시절을 다시 한번 회상해 보면 남자들은 사람들이 많이 모이는 서울역이나 전차 종점 같은 곳에서 지게, 또는 손수레로 물건을 옮겨다 주며 돈을 버는 사람으로 바글바글했다. 동네에 임시로 만들어진 시장에서는 빈대떡이나 국밥을 파는 아주머니들이 많아 아침이면 식구들이 나와서 국밥을 사 먹는 광경들을 볼 수 있었고, 우리 식구들도 그 속에 끼어 국밥을 사 먹은 적이 있다. 또 국방색의 군복을 입은 남자 등에는 '염색'이라는 큰 글씨가 보였다. 민간인이 군복을 함부로 입어서는 안 된다는 처벌의 뜻이었을 텐데, 염색해서 입으라는 정부의 뜻으로 이해될 정도였다. 또 전쟁으로 팔다리를 잃은 가엾은 상이군인은 남한을 위해 희생한 아들들이었으나 제대로 대접도 못 받고 손발에 끼운 혐오스러운 쇠갈고리를 보면 무섭기도 하고 안쓰럽기도 했다. 그런 환경에서도 아이들은 학교도 다니며 사회적으로 차차 질서가 잡혀가고 있었다.

세월이 많이 흘러 초등학교 교사로 재직하고 있을 때, 여름방학을 맞이하여 바다로 여행을 가려고 친구들과 수영복을 구입하기 위해 동대문시장에 갔다. 다닥다닥 붙은 옷가게를 둘러보니 국산품 수영복과 미국에서 들어온 구제 수영복들을 팔고 있었다. 구제품은 값도 저렴하고, 천이 훨씬 튼튼하다. 망설이다가 구제품을 사서 한동안 잘 입었다. 1962년에는 미국에서 보내준 구호물자들을 시장에서 구입할 수 있었고 디자인이 예쁘고 저렴해서 잘 사서 입었던 기억이 난다. 미국은 6·25전쟁 때에도 미군을 파견해주어 북한 괴뢰군들을 막아내고 민주주의 국가로 형성할 수 있게 도와주었다. 경제, 문화, 사회 등 어느 것 하나 부족하지 않는 선진국을 향하여 유학을 떠나는 학생들도 종종 볼 수 있었다. 이북에서 내려온 피난민들은 곧 3차 대전이 일어날 거라며 1970년 초쯤에 미국으로 이민을 가는 사람이 많았다. 의사인 우리 오빠도 부모님의 성화에 1973년 미국으로 이민을 떠났다. 특히 LA에 가면 이민 온 이북 사람들을 많이 만날 수가 있다.

그 후 오랜 세월이 지난 지금, 요즘 젊은이들 중 일부는 무슨 생각으로 미국을 배척하는지 모르겠지만 그들은 매우 어리석고 무모해 보인다. 우리가 6·25 때 미국으로부터 받은 도움은 잊었는가? 그들은 자유민주주의로 살다 보니 호강에 겨워서 물불을 못 가리는 것 같아 한심하다는 생각마저 든다. 대한민국은 이제 세계 10대 경제 강국으로 선진국 반열에 우뚝 섰다. 구호물자 등으로 원조를 받던 우리나라가 이제는 어려움에 처한 나라들에게 구호품을 보낸다.

러시아로부터 침략을 받아 쑥대밭이 되고 난민을 낸 우크라이나와 지진으로 건물이 파괴되고 사상자와 피난민을 낸 튀르키예에 우방국들이 식량, 물, 의류 등을 보내어 위로와 격려를 했다. 이렇듯 어려움에 처한 나라에 필요한 물품을 보내 도와주는 것은 인도적인 차원에서 마땅히 지켜야 할 도리라고 생각한다.

예전에는 구호품을 받는 입장에서 이제는 보내주는 나라의 입장이 되었으니 얼마나 다행이고 자랑스러운가! 올해가 휴전된 지 70년째이지만 북한은 시시때때로 미사일을 쏘아대며 남한을 위협하고 있다. 그런데 우리 남한에서는 정당싸움만 하고 있으니 국민들이 불안할 뿐이다. 나라를 위하여 최선을 다해 바른 정치를 할 수 있도록 힘을 실어주고 도와주어 안전하고 행복한 나라가 되기를 간절히 바란다. 우리가 전쟁으로 가장 어려웠을 때 생필품으로 도와주었던 우방 국가들에게 진심으로 고마움을 갖는다.

항상 상냥하고 따뜻한 모습의 선생님! 홍혜표 선생님이시다. 이미 하늘나라 가셨겠지만, 지금까지도 잊지 못한다. 선생님의 친절하고 정성스런 가르침은 나에게 좋은 취미를 갖게 해 주었고, 나의 교직 생활에도 좋은 영향을 주었다. 특히 "블라우스가 예쁘구나!"라고 속삭여 주신 선생님의 다정한 말씀, 다시 한번 들어보고 싶다. 그럴 때마다 구호품의 블라우스를 입고서도 즐겁게 다녔던 추억들이 떠오른다. TV 화면에 우크라이나 난민들이 지나간다. 남의 일 같지가 않다.

(2023. 5. 30.)

할머니가 들려주신 이야기

요즘 들어 외할머니께서 들려주셨던 옛날이야기가 생각난다. 외할머니는 먼 친척 할아버지가 겪은 이야기를 옛날이야기처럼 들려주셨다. 때는 나무들이 무성한 여름철이다. 황해도 재령군 상성면 청석두리에서도 한참 더 산골로 들어가야 집이 나오는 곳에 살고 계신 할아버지가 여우에게 홀려 죽을 뻔했던 이야기다.

할아버지는 면에 오셨다가 친구들과 술 한 잔을 거나하게 마시고 저녁때에 집에 가신다고 길을 나섰다. 머리에는 갓을 쓰고 하얀 여름 두루마기를 입고 지팡이를 휘휘 돌리며 떠나셨다. 사람들이 "주무시고 내일 환할 때 가셔요."라고 말려도 괜찮다고 큰소리치며 가셨다. 집까지 가려면 고개를 하나 넘고 솔밭을 지나서 공동묘지를 지나가야 하는데 그곳에는 여우가 많다. 여우는 사람을 홀려 간을 빼먹는다고 한다. 그래서 밤에는 절대로 사람들이 다니지 않는다고 했다. 괜찮다고 고집을 부리신 할아버지는 드디어 고개를 넘고 솔밭을 지나 공동묘지 앞을 지나가는데, 저만치서 할머니가 마중 나오는 것이 보였다. 평소에 한 번도 마중 나온 일이 없는 할머니가 마중 나오는 것이 이상했다. 그래서 "아니 이 밤중에 자지 않고 왜 나왔어?"라며 야단을 쳤지만 혼자 가기 쓸쓸하던 참이라 반갑기도 했다. 그런데 할머니가 좀 쉬었다 가자고 하며 묘지가 있는 잔디밭에 털썩 주저앉는다. 할아버지도 할머니 옆에 앉았다. 할머니는 갑자기 담배 한 개비를 입에 물고는 할아버지에게도 한 개비를 주면서 담배 한 대 피우고 가자고 했다. 그때 비로소 할아버지는 정신이 번쩍 났다. 생전 담배라는 걸 모르던 할머니가 담배를 무는 것이 이상하다고 느끼는 순간 "이 못된 여우가 누굴 홀리려고 하느냐? 썩 물러가라."며 옆에 놓았던 지팡이로 할머니 몸통을 휘갈겼다. 그러자 "깨갱, 깨갱, 깨갱깽" 하고 꼬리를 보이며 여우가 달아나는 것이었다. 할아버지는 혼비백산하여 '걸음아 나 살려라' 하며 있는 힘을 다하여 집까지 달음박질쳐서 뛰어갔다고 했다. 온몸에 땀이 비 오듯 흘렀고 집에 도착하자마자 고꾸라졌단다.

이야기는 여기서 끝났는데 지금 생각하면 정말 여우가 사람을 홀렸을까? 그 후 할아버지는 한 달을 자리에서 일어나지 못하고 신음 소리까지 내며 앓아누웠다고 했다. 전설의 고향 같은 이야기다. 어린 시절이라 숨을 죽여 가며 들었는데, 몸에는 소름까지 돌았었다. 무서우면서도 자꾸만 듣고 싶은 실감나는 이야기라 더 해 달라고 졸랐다. 할머니는 내 성화에 이야기를 계속 이어가셨다. 이번 이야기는 할머니께서 직접 당하신 이야기란다. 황해도 재령군 청석두리에서 살 때였다고 한다.

이북 사람들은 한겨울에 냉면을 시켜 야식으로 먹는 것을 좋아했다. 동짓달 긴긴밤에 먹는 물냉면이란 정말 별미였단다. 어느 날 냉면 생각이 나서 냉면집에 배달을 시켰다. 냉면이 도착하기를 식구 모두가 기다리고 있었다. 드디어 냉면집 사람이 도착하여 어깨 위에서 냉면이 담긴 모판을 내려놓았다. 그 순간 모두들 깜짝 놀랐다. 냉면 그릇에는 국수는 하나도 없고 국물만 담겨 있었기 때문이었다. 배달한 사람도 어이가 없는 듯 고개만 갸웃거리고 있었다. “이상하다. 이게 어떻게 된 걸까? 떠날 때는 다 있었는데.” 하며 우리들보다 더 놀란 표정이다.

다음 날 시냇가에 빨래를 하러 간 사람들이 시냇가에 있는 버드나무 가지에 국수가 하얗게 걸려있는 것을 보았단다. 그것은 바로 어젯밤에 시킨 냉면 국수 가락일 거라고 생각했다. 냉면집에서 오려면 개천 다리를 건너서 버드나무가 있는 개울가를 한참 걸어온다고 했다. 앙상한 나뭇가지에 국수발이 늘어져 있으니 얼마나 놀라고 신기했을까?

사람들은 그 말을 듣고 나뭇가지에 걸려서 그리되었나 생각해 보지만, 아무리 걸려도 한두 오라기지…, 한 오라기도 국수가 남아 있는 그릇은 없었단다. 모두들 이상하다고 말하고 있는데 동네 어르신 한 분이 그 광경을 보시더니 "허허, 도깨비가 또 장난을 쳤구먼!" 하시는 것이었다. 어르신 말씀에 동네 사람들은 저마다 수군거리며 도깨비가 정말 있다고 믿게 되었다. 그다음부터는 밤중에 국수를 시켜다 먹는 것을 삼갔다고 한다. 도깨비는 심술도 많고 사람을 홀려 밤새껏 끌고 다니기도 한다고 했다. 할머니의 도깨비 이야기는 계속 이어진다.

어떤 농사꾼 집에 도깨비가 와서 돈을 꾸어 달라고 하여 꾸어 줬단다. 그런데 그다음 날부터 밤이면 "야, 돈 받아라." 하면서 마당으로 한 뭉치의 돈다발을 던지고 갔다고 한다. 돈 던지기를 몇 년을 했던지, 그 돈을 모아 집도 키우고 논밭도 많이 사서 아주 큰 부자가 되었다. 부자가 된 농사꾼은 더 이상 도깨비 오는 꼴이 싫어서 오지 못하도록 궁리를 하였다. 그러던 어느 날, 도깨비는 말대가리를 제일 무서워한다는 얘기를 듣고 대문 밖에 말대가리를 구해서 걸어 놓았다. 그다음 날 보니 도깨비가 오지 않았는지, 또는 왔다가 말대가리를 보고 도망갔는지 소리도 없고 돈뭉치도 없었다. 다음날 밤새껏 "영차, 영차" 하는 소리가 나서 아침에 나가 보았더니 논과 밭에 자갈들이 쌓여 있었다. "영차, 영차" 소리는 자갈을 나르는 소리였나? 집도 옛날처럼 작아지고 논과 밭에 농사를 지어도 낟알이 열리지 않고 빈 껍질만 생겨 옛날보다 더 가난하게 되어 아주 망해 버렸다는 이야기였다. 도깨비는 전설 속에서만 있는 줄 알았는데 정말 있었나? 그런데 지금은 왜 없을까? 아마도 한국전쟁 때 총소리, 대포 소리에 도망가지 않았을까? 할머니 이야기는 그 후에도 계속 시간 있을 적마다 들려주셨다.

어떤 청년이 공부하다가 쉴 겸 해서 저녁때쯤 바람을 쐬러 둑방을 걷고 있었다. 그런데 그 청년은 밖에 나갈 때는 몸에 단도를 지니고 다니는 습관이 있었단다. 기분 좋게 한참을 걷고 있는데 난데없이 젊은 사람이 갑자기 나타나 청년의 멱살을 잡고 둑 옆에 있는 기찻길로 끌고 갔다. 청년은 기찻길 위에서 옥신각신하며 빠져나오려고 안간힘을 썼으나 상대편은 얼마나 힘이 센지 당할 수가 없었단다. 그때 "삐익, 칙칙폭폭" 하며 기차 오는 소리가 들렸다. 청년은 큰일이다 생각하며 아무리 밀쳐 내려고 했으나 소용이 없었다. 기차는 점점 가까이 오는데…, 청년은 몸에 지니고 있던 단도로 상대편의 배를 찌르고 기찻길 옆으로 굴러 떨어지자마자 기차가 어둠 속을 뚫고 휙휙 지나갔단다. 하마터면 꼼짝없이 기차에 깔려 죽을 뻔했다. 청년은 땀으로 뒤범벅인 채, 정신없이 집으로 달려왔다. 너무나 혼이 나서 밤새껏 열이 나며 끙끙 앓았다고 했다. 다음 날 아침에 기찻길로 가 보았더니 청년의 칼이 피 묻은 수수 빗자루 가운데에 꽂혀 있었다고 하였다. 그래서 지금도 수수 빗자루는 제자리에 잘 세워 놓으라고 어른들은 말씀하시는 것 같다. 수수 빗자루와 도깨비는 무슨 관계가 있을까?

역시 어른이 되었어도 옛날이야기는 정신을 놓고 듣는다. 옛날 이야기에서 재미를 느끼는 것도 많지만 교훈이 되는 이야기도 있다. 이렇게 해서 옛날얘기는 대대로 전해지고 있는지 모른다.

(2014. 3. 20.)

사고 치고 전화위복

1965년, 그 시절에는 계를 들어 목돈을 만들어 쓰는 것이 거의 유행이 되어 모임이나 학교 선생님들 간에도 많이 행해지고 있었다. 결혼 초, 홍파초등학교에서 근무할 때다. 선생님들이 계를 조직한다며 나에게도 같이 하자고 권해왔다. 그런데 액수가 커서 불입금이 내 월급에 반을 더 보태야 했다. 하고 싶은 마음에 고민하다가 남편과 의논했다. "어차피 우리가 저축을 해야 하는데 선생님들이니 괜찮겠지?" 하며 도와줄 테니 해 보라고 했다. 계주가 모든 걸 주선하며 번호계로 순서를 정했다. 24명이 계원인데 남자 선생 두 분과 20대의 여선생들이다. 빠른 번호는 불입금이 많고 늦은 번호일수록 적었다. 각자 원하는 대로 번호를 정했다. 나는 3번을 원했지만, 꼭 원하는 사람이 있다 하여 양보하고 4번을 택했다. 네 번째 탄다는 희망을 갖고 남편이 도와주어 세 번까지 열심히 부었다.

석 달 후 내가 탈 차례가 되었는데, 아무런 이유도 없이 계가 깨졌다고 한다. 마음 설레며 기다렸던 차에 너무 뜻밖이라 실망이 컸다. 우선 남편에게 무어라고 말해야 할지 걱정이 앞섰다. 나중에 알고 보니 먼저 탄 세 사람은 K교대 선후배로 이미 자기네들이 목돈을 챙긴 후에는 계를 깨기로 약속이 되어 있었단다. 그런 나쁜 양심을 가진 사람들이 어떻게 남의 사도가 된다고 선생이 되었을까 어이가 없었다. 그런 것도 모르고…, 계원들은 분한 마음에 그동안 낸 곗돈을 내놓으라고 아우성쳤으나 그들은 차차 준다는 말만 하고 태연했다. 남편에게 어떻게 말해야 될지 망설이다가 어쩔 수 없이 사실대로 말하니 "몹쓸 사람들이군!"이라며 선생들도 믿을 수 없다고 앞으로 경제적인 것은 본인이 관리하겠다고 했다. 선생들만 못 믿는 것이 아니라 공연히 나까지 신용 없는 사람이 된 것 같았다.

그들에게 속은 것을 생각하면 날이 갈수록 화가 나는데 목돈을 챙긴 그들은 아예 내줄 생각을 안 한다. 1번 사학년 주임 이○○, 2번 체육주임 주○○, 3번 나와 동학년인 김○○ 선생. 믿을 만한 사람들이라고 생각했는데 너무나 뻔뻔스럽다. 멋쟁이 같은 외모와는 달리 그들의 엉큼한 속마음을 누가 알았으랴. 어떻게 동료 간에 사기를 칠 수 있었는지…, 속상하고 분한 마음으로 여러 날이 지났다.

여름방학을 며칠 앞둔 어느 날, 남편은 내일 이○○ 선생이 석 달 낸 불입금을 줄 테니 잘 가지고 오란다. 아니, 어떻게? 너무나 놀라웠다. 다음 날 수업이 끝난 후 이 선생이 우리 교실로 와서 다른 선생들한테는 말하지 말라면서 그동안 낸 곗돈을 주고 갔다. 너무 이상하고 신기하여 남편에게 사연을 물어보니, 학교로 전화해서 이 선생에게 "나 한혜정 선생 남편이요. 당신 좀 만납시다."라고 하여 해결을 보았단다. 사고는 내가 치고 해결은 남편이 했다.

그 후로는 내 월급을 남편에게 맡기고 돈을 타서 쓰게 되었다. 그러면서 함부로 선생님들을 믿지 말라며 특히 남자 선생님들은 더욱 조심하라고 했다. 많은 세월이 흘러서 집도 사고 생활이 안정되어 갔다. 내가 돈 관리를 안 하니 처음엔 좀 언짢았지만, 오히려 책임감에서 해방되어 마음이 가벼웠다. 그것이 습관이 되어 남편은 둘만이 아는 곳에 현금을 넉넉히 넣어 주었다. 근검절약하는 아내를 믿는 것이리라. 근래에 와서는 카드로 거의 결제하니 현금 사용하는 일이 별로 없다.

사범학교 졸업 50주년이 되었다. 긴 세월 동안 모교 덕분에 꾸준히 근무하며 즐겁게 생활하게 해 준 것이 고마워 모교를 위해 발전기금을 내고 싶다고 남편에게 말했다. 반대하면 어쩌나 했는데 오히려 좋은 생각이라며 쾌히 승낙하여 성의껏 본교에 내게 되니 졸업생으로서 할 도리를 한 듯 기뻤다. 모든 걸 남편에게 의지하며 사는 것이 걱정이 없고 행복했다. 그것은 1965년의 곗돈 사건이 계기가 되었던 것이다.

그러나 불편한 때도 있었다. 아마도 20년 전쯤의 일이다. 친하게 지내던 남자 선생님이 급하게 쓸 일이 있어서 이백만 원만 꿔 달라고 하여 빌려주고 싶었는데, 남편에게 남 꿔주기 위해 돈을 달라고 말할 수가 없었다. 그렇다고 거짓말을 해서 빌려주기도 마음 내키지 않았고, 그래서 그 선생님에게 빌려드리지 못하는 사정을 말하며 대단히 미안하다고 했다. 남편은 내가 통장을 갖고 있으면 이와 같은 일이 종종 있을 것을 예상했는지도 모른다.

또 한 번은 80년도 수유초등학교에서 6학년을 맡고 있을 때였다. 어느 날 동학년에서 연세가 지긋한 변 선생님이 막내아들 등록금이 오늘 마감인데 사흘 후엔 돈이 나온다고 50만 원만 빌려달라고 한다. 급한 그의 사정을 듣고 나도 없으면서 가만히 있었으면 좋았을 걸, 선배 선생님에게 딱한 사정을 얘기하여 사흘만 빌려달라고 부탁하여 집에까지 가서 50만 원을 가져오게 하였다. 변 선생님에게 전해 드리면서 "변 선생님, 저도 선배 선생님에게 빌려서 드리는 것이니 오늘 아드님 등록금 내시고 사흘 후엔 꼭 주셔야 합니다."라고 단단히 못을 박았다. 그리고 사흘이 지났다. 변 선생님은 돈을 준다는 사람이 안 준다며 며칠만 있다가 드리겠단다. '내가 괜한 짓을 한 건 아닌가?' 하고 후회도 했다.

다음 날, 선배 선생님에게 빌린 돈을 준비해 드리면서 약속한 날을 지키지 못하여 죄송하다고 했다. 사흘 후에 준다는 변 선생님은 며칠 후, 며칠 후 하면서 동학년 회의에도 불참하고 나를 피하는 것 같았다. 오지랖 넓게 남의 사정 봐준다고 하다가 선배 선생님한테 미안하고 변 선생한테 이용당했다 생각하니, 바보짓 한 자신이 너무 한심했다. "남자 선생님은 더욱 조심하라"는 남편의 말을 잊고 있다가 이제야 정신이 번쩍 났지만, 이미 때는 늦었다.

그 후 변 선생님은 학년이 끝날 때 '미안합니다.'라는 메모지와 함께 원금 50만 원을 자기 반 학생을 시켜서 보내왔다. 염치가 없어 얼굴 보기가 민망했을까? 그래도 아주 양심 없는 인간은 아니었나 보다. 그동안 괘씸하긴 했지만, 그 연세에 매우 딱해 보였다. 얼마나 힘들었으면 그랬을까? 세월이 한참 지난 지금은 좀 이해가 되면서 측은지심마저 들었다.

남편은 내가 통장을 갖고 있으면 좋지 않은 일들을 당할까 봐 미연에 방지해준 것이 아닌가 싶다. 20대에 계를 한다고 사고친 것이 남편에게 면목은 없었지만, 사고 치고 전화위복이 된 셈이다. 그저 인생은 한 치 앞을 모르는 '새옹지마'와도 같다고 생각되었다.

(2021. 9. 30.)

제비 5남매

가을이 다가오는 듯 아침저녁으로 서늘한 바람이 불어오니 우리 집에서 같이 살다 간 제비 식구가 떠오른다.

따뜻한 봄날 제비 부부가 날아와 마당 위 전깃줄에 앉아서 무엇을 찾는지 짹짹거린다. 다음 날부터 마루에 들어와 천장 아래 벽에다 집을 짓기 시작한다. 그것을 본 건넌방 할머니는 진흙과 볏짚을 썰어서 수돗가에 놓아두었다. 제비 부부는 부지런히 할머니가 만들어 둔 건축 재료들을 물어다 집을 다지었다. 얼마나 할머니가 고마웠을까. 제비집은 모양도 그럴듯하고 아주 튼튼해 보였다. 제비 부부는 단단하게 지은 집에서 얼굴만 내놓고 재재거린다.

아침에 방에서 나오면 제비도 반가운 듯 눈을 맞추며 짹짹 인사하는 것이다. 어찌 생각하면 주인의 허락도 없이 집을 지은 것이 괘씸하긴 했지만 우리는 그저 신기하여 바라보는 재미가 있어서 좋았다. 많은 집들 중에서 우리 집을 선택했다는 것도 보통 인연이 아니라고 생각되니 제비를 도와주고 싶었다. 아침에 출근하듯 돌아다니다가 밤에는 틀림없이 집에 들어와 재재거린다. 눈을 감고 자는 걸 보면 사람하고 똑같다. 두 마리 제비 부부는 다정하게 언제나 붙어 다닌다. 딸만 둘이었을 때다. 딸들에게도 좋은 구경거리였다.

한 달쯤 되었을까? 제비집에는 식구가 많이 늘었다. 노란 주둥이와 깃털에 싸인 다섯 마리의 귀여운 새끼 제비들이 태어난 것이다. 병아리처럼 노란 새끼들이 짹짹거리기 시작하면 꽤 시끄러웠다. 딸들과 날마다 제비 보는 일이 즐거웠다. 잘 때는 새끼 제비들을 가운데 두고 엄마 아빠 제비는 양쪽에서 지키며 잔다. 그들도 잘 때는 조용하다. 아침이면 어른 제비 한 마리는 새끼들을 지키고, 또 한 마리는 바쁘게 먹이를 물어다 차례대로 준다. 입을 벌리고 서로 달라고 짹짹거리는 새끼 제비들이 아주 귀여웠다. 부모 제비의 새끼 사랑하는 마음을 보는 것 같다.

새끼 제비들도 제법 자라서 나는 훈련을 한다. 가까이 날다가 자기 집에 얼른 들어간다. 어쩌다 한 마리가 마루에 떨어졌다. 어미 제비는 새끼 제비를 물고 집에 올리려고 안간힘을 다하나 어려웠다. 그 장면을 보고 있던 남편이 조심해서 떨어진 새끼를 집에 넣어 주었다. 문제는 마루에 변을 수시로 싸서 치우기에 바쁘다. 그러나 아기 기저귀 갈아준다 생각하고 부지런히 치워주었다.

날아다니는 것이 익숙해지니 이제는 새끼 제비 5남매를 모두 데리고 낮에는 종일 돌아다니다가 미닫이 마루문 잠그기 전에 들어온다. 참 신기하다. 아마도 낮에는 먹이 구하는 것과 살아가는 능력을 길러주는 모양이다. 그들에게도 생존경쟁이 있을 것이니 어미의 교육이 필요하겠지. 여름철을 지내면서 새끼들도 몸집이 부쩍 커졌다. 제비집이 비좁을 정도로 꽉 찼다. 밤이 되면 일곱 마리가 같이 들어와 시끄럽게 재재거리다가 조용해서 보면 모두 눈을 감고 잔다. 얼굴만 내놓고 자는 걸 보면 아기 자는 모습처럼 평화롭게 보였다.

무더운 여름도 지나고 어느새 옷깃을 여미는 쌀쌀한 바람이 불어왔다. 춥다고 아이들에게도 따뜻한 옷을 찾아 입힐 때다. 해도 많이 짧아지고 초겨울이 온 듯 추위를 느낀다. 새끼 제비 5남매와 부모 제비가 날아다니는 것을 보면, 이제는 몸집이 똑같아져서 누가 부모이고, 누가 새끼인지 분간이 안 된다. 볼수록 대견하다. 한 식구처럼 살아서 제비에게 말도 걸고 친해졌다. 우리가 먹여준 것은 아니지만, 한집에서 6개월 넘게 살다 보니 내 자식처럼 정도 많이 들었다. 다만 분비물이 많아져 치우기에 바쁘지만, 제비들이 잘 자라 주어서 즐거웠다. 이제 겨울이 가까워 오는 것 같다.

햇볕이 좋은 일요일 낮, 제비 식구 일곱 마리가 마당 전깃줄에 나란히 앉았다. 한참을 앉아서 재재거린다. 웬일인가 하고 우리 식구들도 제비를 보며 이야기하고 있었다. 건넌방 할머니께서 말씀하기를 아마도 제비들이 남쪽 나라로 떠나려고 마지막 인사를 하는 것 같다고 한다. 제비들은 마당을 빙빙 몇 바퀴 돌더니 하늘 높이 일곱 마리 제비 식구가 한 줄로 날아간다. 우리에게 말은 못해도 잘 살다 간다는 인사겠지. "잘 가라 제비들아! 따뜻한 남쪽에 가서 겨울 잘 지내고 내년 봄에 다시 오너라." 하며 손을 흔들어 주었다. 제비가 날아간 하늘 길을 바라보며 무사히 목적지까지 잘 찾아가기를 마음속으로 기원했다. 과연 제비 나라는 어디쯤일까? 또 얼마나 멀까?

정말 그날 이후, 제비들은 밤이 되어도 돌아오지 않았다. 텅 빈 제비집을 보며 마음이 허전하여 건넌방 할머니와 오래도록 제비 가족 이야기를 했다. 이제 제비의 분비물을 치우는 일은 안 해도 된다. 그동안 제비 보는 재미가 있어서 참 좋았는데…, 제비 식구 일곱 마리가 나란히 앉아 시끄럽게 재재거리던 모양이 자꾸 떠오르며 내년에도 또 올까 하고 이것 또한 회자정리(會者定離)로 섭섭한 마음을 달랬다.

지금 생각해 보니 그 제비 내외는 앞으로 나도 5남매를 둔다는 암시를 주고 간 것이 아닌가 하는 맘이 든다. 귀여웠던 노란 새끼 제비 5남매가 삼삼하게 머리에서 맴을 돈다.

(2017. 9. 27.)

칭찬의 힘

"할머니가 웬 음반!"

"정말 잘해서 대상받은 줄 알고 음반을 낸다고 하니 그만 칭찬하세요!"

'같은 연세의 할머니들끼리 왜 그럴까?' 하고 생각하며 실망스러웠다. 우리는 남을 칭찬하는데 인색한 것 같다. 오히려 헐뜯는 사람도 많이 보았다. 근래에 내가 있는 실버타운에서 노래자랑을 했다. 그 결과, 분홍 한복을 곱게 차려입고 「내 나이가 어때서」를 신나게 부른 86세의 할머니가 대상을 받았다. 더 잘한 60대 70대도 있었지만, 연세를 생각해서 최고의 상을 수여한 것 같았다. 축하한다고 많은 사람이 인사를 했다. 그다음 날 또 만나게 되어 "가수 할머니, 앞으로도 노래 많이 부르시고 행복하게 사세요." 했더니, 할머니는 너무너무 좋아하신다.

그 후로 나를 볼 적마다 반가이 웃으며 자기를 제일 기쁘게 말해 준 사람이라고 좋아하신다. 그런데 평소에 교양 있게 보았던 같은 연세의 할머니가 그만 칭찬하라고 한다. 칭찬은 고래도 춤추게 한다는데, 칭찬으로 용기를 주고 희망을 준다면 얼마나 좋은 일인가? 칭찬한다고 손해 볼 것도 없다. 칭찬은 마르지 않는 샘물과 같아서 아무리 퍼주어도 줄어들지 않는다. 남에게 퍼준 만큼 나도 행복을 느낀다. 부정적으로 보면 건방지고, 잘난 체하고, 얄밉게 보이지만 긍정적으로 보면 활기차고, 똑똑하고, 겸손하게 보인다. 어떤 쪽으로 보느냐에 따라 결과가 달라진다. 이왕이면 긍정적으로 봐줌이 어떨까. 과잉 칭찬은 금물이지만 칭찬을 들으면 아이나 어른이나 기분 좋아지는 것은 사실이다. 좀 전에 시샘하던 할머니에게도 칭찬할 거리를 찾아봐야겠다.

미국에 사는 오빠가 한국에 왔을 때 둘째 아들의 이야기를 했다. 오빠가 미국으로 이민 간 지 42년이 되었다. 어린 3남매를 데리고 처음엔 말할 수 없이 고생을 많이 했단다. 한국에서 일반외과 전문의 자격증까지 소지하고 갔지만, 그 시절엔 외국인에게는 산부인과, 외과는 허용하지 않았다고 했다. 그래서 다시 공부해서 자격증을 취득한 것이 마취과였다고 한다. 다행히 병원에 취직을 하고부터는 생활이 안정되었으나, 둘째 아들이 지능이 모자라는지 말도 잘 안 하고 공부도 못하여 답답하기 이를 데가 없었고, 또 저능아라 생각하니 앞일이 걱정되었단다. 그래서 부부가 고민을 하다가 생각해 낸 것이 그 아이에게 '천재'라는 별명을 지어주기로 했단다. 공부를 못해도, 대답을 안 해도, 탓하지 않고 좀 잘못한 행동에도 그럴 수 있다고 칭찬해 주자고 약속했다. 그러면서 "너는 천재야 앞으로 훌륭한 사람이 될 거야."라며 집에서는 "천재야, 천재야!"로 불러 주었단다.

형과 누나는 공부를 잘해서 상장을 타오곤 했다. 매일 천재라고 불러주던 어느 날, 뜻밖에도 막내아들이 상장을 타왔다. 오빠 내외는 너무 기뻐서 칭찬을 있는 대로 해 주고, "우리 막내가 최고야!" 하면서 계속 천재라고 불러 주었단다. 칭찬으로 아이의 행동도 바뀌어 갔다고 했다. 이럴 수가 있나? 너무 신기했다고 했다. 그토록 부모가 걱정했던 둘째 아들이 지금은 의사가 되어 한 가정의 가장으로 잘 살고 있다고 한다. 오빠 내외의 인내와 노력이 참으로 훌륭하고 칭찬의 힘이 아들을 불행에서 행복으로 만든 것 같았다.

나의 경우를 보면, 1학년 다니다가 6·25전쟁으로 한글도 깨우치지 못한 채 삼 년 피난생활을 하다가 구사일생으로 월남했다. 나이에 맞춰 4학년에 입학 후의 황당함이란 이루 말할 수 없었다. 그때 부모님의 가르침이 아니었으면 막막했을 것이다. 한글은 물론이고 구구단, 한문, 주판을 한꺼번에 배워야 했다. 아버지께서는 한글과 구구단을, 어머니께서는 한문과 주판을 가르쳐주셨다. 가르치면서 얼마나 답답했을까마는 아버지는 "너는 천재다, 천재야!" 하면서 계속 칭찬으로 가르쳐 주셨다. 그러했기에 용기와 희망을 가지고 발전했는지 모른다. 또 선생님은 산수공책 뒷장에 아버지가 써 주신 구구단을 보시고는 내일은 구구단 시험을 본다고 하시어 아이들이 웃었다. 4학년에게 구구단 시험을 본다고 하니 아이들이 웃은 것이다. 그 덕에 다 못 외었던 구구단을 밤새워 외었던 기억이 난다. 시험도 보지 않을 구구단을 한 학생을 위해서 빨리 외우도록 도와주려는 선생님의 마음이었다. 지금 생각하니 정말 교사다운 교사라고 칭찬해 드리고 싶다.

현직에서 3학년을 담임했을 때, 키도 작고 아토피로 입 주위가 멍든 것처럼 시퍼런 아이가 있었다. 숙제도 그만, 점심에 급식도 그만, 수업시간엔 짝꿍을 건드려 귀찮게 하는 남자 어린이다. 전 담임으로부터 문제아라는 말도 들었다. 어떻게 1년을 가르치나 고민이 되었다. 어느 날 국어 시간에 읽기를 시키니 대화체를 그럴듯하게 잘 읽는다. 이때다 싶어 "책을 참 잘 읽는구나!"라며 국어 시간마다 책을 읽히고 칭찬해 주었다. 다른 면에도 이해시키고 달래며 하나씩 시정해 나갔다. 그 후 그 아이가 하는 것마다 칭찬을 하니 학습 태도도 좋아지고 공부에 취미를 갖게 되었다. 칭찬으로 학교생활을 힘들어하던 아이가 모범생이 되어 감을 보았다. 매월 보는 한자시험에도 상장을 받게 되니 너무 즐거워했다. 학년 말에는 입 주위에 퍼렇던 아토피도 없어지고 아주 명랑해졌다. 4학년에 올라가면서 포항으로 이사를 간 그 아이가 가끔 보고 싶다. 얼마나 변했을까? 칭찬은 누구에게나 좋은 감정을 주는 요술쟁이 같다. 늘 가까이 있어 고마움을 모르는 가족 간이나 친구 간, 이웃 간에도 칭찬은 이 세상에서 가장 아름다운 행복의 꽃이라고 생각한다.

(2014. 4.)

잉어 피

TV에서 어느 코미디언의 이야기를 듣고 많이 웃었다. 그의 어머니는 밤 11시 59분에 출산을 했는데 아기가 한참 동안이나 울지 않아서 죽었다 생각하고 처리를 하려고 했단다. 그런데 1분이 지나 12시가 되자 "앵~" 하고 울어서 보니 이미 늙어져 있더란다. 너무 우스워서 그 코미디언을 보니 정말 나이보다 훨씬 늙어 보였다. 자기는 날 때부터 늙어서 나왔다며 사람들을 웃겼다.

코미디언의 이야기를 들으며 어머니에게 들은 이야기가 떠올랐다. 언니 오빠나 동생들을 출산할 때는 진통을 얼마 안 했는데, 나 때는 네 시간이나 걸려서 무척 힘들었다고 하셨다. 막 태어난 아기를 보니 살이 통통하게 쪄서 손목과 발목에는 실로 맨 것처럼 줄이 있고, 갓난아이 같지가 않았다고 하셨다.

그때가 일제 강점기 끝 무렵이었다. 아버지가 황해도 재령에서 교편을 잡고 계시다가 중국 만주까지 가서 교사를 하실 때, 날

낳으셨다. 모두 어려운 시절이었는데, 이웃에 사는 중국 여자분이 어머니가 자기 죽은 딸하고 너무 닮았다고 수양딸 하자고 하면서 매우 잘해 주셨다. 임신한 것을 알고는 잘 먹어야 한다고 쇠고기, 돼지고기, 닭고기를 번갈아 갖다 주셔서 열 달 내내 잘 드셨다. 태아 때부터 너무 잘 먹어서 우량아로 태어난 것 같다고 하셨다. 그런데 백일쯤 돼서 안타깝게도 그해 겨울에 유행하는 백일해에 걸려 몹시 기침을 하고 열이 올라 다 죽게 되었다. 나중에는 숨도 쉬지 않는 것 같아 사람들이 소생할 가망이 없으니 품에서 내려놓으라고 했단다. 그때에 어떤 분이 백일해에는 잉어피가 최고라고 가르쳐주었다. 그렇지만 이 겨울에 어디 가서 잉어를 구한단 말인가? 그러나 지푸라기라도 붙잡고 싶은 심정에서 '한 가닥 희망이 있구나!'라고 하셨다.

잉어 피가 좋다는 말을 들은 아버지는 한파가 몰아치는 겨울에 만주 일대의 생선가게를 찾아 자전거를 타고 잉어 피를 구하러 다니셨다. 어느 가게에도 잉어는 없었는데, 한 가게에서 동태가 된 잉어를 발견했다. 가게 주인한테 사정 얘기를 하니 딱하지만 살아있는 잉어는 없다고 하여 실망했다. 그러나 아버지는 포기하지 않고 잉어아가미에서 꽁꽁 언 핏덩어리라도 주라고 하여 빨간 얼음 몇 알을 종지에 담아 가지고 오셨다. 가지고 온 얼음을 그대로 녹여서 기척도 없는 아기에게 입을 벌려 흘려 넣었다. 눈도 뜨지 않고 숨도 쉬지 않아 죽은 아기라고 했는데, 어머니는 마지막으로 간절히 기도하며 따뜻한 아랫목에 뉘어 놓고 부엌에서 일을 하다가 방에 들어와 보니 "쌔액 쌕" 숨소리가 났다. 꽁꽁 언 잉어 피도 효험이 있었는지…, 시베리아에서 불어오는 세찬 바람을 맞으면서 마침내 얼음덩이의 잉어 피를 구해 오신 아버지의 정성으로 죽어가던 아기가 살아난 것이다. 죽은 아기라고 내려놓으라던 사람들도 신기하다고 입을 모았다. 잉어 피가 백일해에 좋다고 알려 준 사람이 아기를 살렸다고 매우 고마워했다.

몇 년 후, 온 마을에 천연두가 퍼졌는데 일본 사람 외에는 병원에 가기가 쉽지 않았다. 아버지는 퇴근길에 예방약과 주사를 사 오셨다. 주사 바늘을 끓여서 소독하여 양팔에 놓아 주셨는데, 염증이 생겨 팔이 붓고 열이 나서 걱정을 많이 하셨다. 밤새도록 물수건을 머리에 얹어 주시던 기억이 어렴풋이 난다. 그 후 해방이 되어 황해도 고향으로 돌아와 살게 되었다.

지금도 그때의 주사 맞은 자리가 보기 싫어서 여름철에도 민소매로 된 옷은 입지 않는다. 만일 아버지가 예방주사를 놔 주지 않으셨다면, 천연두에 걸려 곰보가 되었을지도 모른다고 생각하니 주사 자리쯤이야 아무것도 아니었다. 부모님의 자식 사랑하는 마음과 정성을 생각하면 세상 어디에 이보다 더 높은 은혜가 존재하랴! 무한한 감사를 드릴 뿐이다.

생각해보니, 몸이 가장 여위었던 시절은 6·25전쟁 때뿐이었고, 그 후에는 계속 통통함을 넘어 뚱뚱했다. 비만이긴 하나 보는 사람 중에는 건강미가 넘친다고 부러워하는 사람도 있으니…. 더 이상 비만하지 않으려고 운동을 계속하며 지냈다. 너무 심하게 해서 그런지, 아니면 나이 탓인지 척추협착증이 생겨 고생을 많이 했다. '과유불급'의 사자성어가 나 같은 사람을 두고 하는 말 같다. 무슨 운동이든 지나칠 때가 많았으니…, 에어로빅, 댄스스포츠, 라인댄스, 골프, 탁구, 수영 등 운동이라면 모두 좋아했다. 학생 때나 교사 체육대회 때에도 배구선수로 활동했다. 지금도 젊었을 때의 모습을 추억하며 스포츠 채널에서 여자배구, 남자배구를 즐겨본다. 선수들이 서브를 시원하게 넣을 때마다 통쾌하다. 요즘이 TV에서 보는 실내 배구 계절이다.

운동도 체력이 좋아야 하지만, 마구 쓰다 보면 어느 곳이든 고장 나기 마련이다. 식사량을 70~80%만 먹어야 위에 좋듯이, 운동량도 힘의 70~80%만 써야 적당하다고 하는데, 어느 운동이든 100% 이상 욕심을 내며 한 것 같다. 에어로빅을 할 때는 3타임을 연속으로 뛰니, 강사는 철인이라고도 했다. 같이 운동하던 사람이 "어쩌면 그렇게 체력이 좋으세요?"라고 물으면 "부모님이 튼튼하게 낳아주신 덕분이지요."라고 대답하면서, '태아 때부터 건강은 타고난 것이리라.' 생각한다.

백일해에 걸렸을 때, 생선 가게에서 활잉어가 없다는 말을 듣고 너무 막막했으나, 아버지는 실망함에 그치지 않고 현명하게 얼은 잉어 핏덩어리를 구해서 기적같이 아기를 살려냈다. 이것은 정말 아버지의 기발한 생각과 정성의 결정체였다.

가끔 벽에 걸린 가족사진을 보며 무언의 인사를 한다. "엄마 아빠, 건강하게 낳아주시고 정성껏 길러주셔서 지금까지 잘 살고 있어요. 고맙습니다." 아무쪼록 천국에서 잘 지내시기 바라면서 조용히 노래를 불러본다.

> 나실 제 괴로움 다 잊으시고 기를 제 밤낮으로 애쓰는 마음 진자리 마른자리 갈아 뉘시며 손발이 다 닳도록 고생하시네. 하늘 아래 그 무엇이 넓다 하리요. 어버이의 희생은 가이 없어라.

(2021. 10. 27.)

홀인원(HOLE IN ONE)

거실 진열장에 있는 여러 가지 기념패들을 보다가 맑은 크리스털로 된 날씬한 상패가 눈에 띄었다. 남편의 홀인원패다. 남편은 골프 레슨도 받지 않고 책자를 가지고 독학했다는 말을 들었다. 그래서인지 늘 골프 잡지를 보고 곤봉같이 생긴 기구와 퍼팅 연습용 기구를 준비해 놓고 스윙 연습과 공을 굴려 홀에 넣는 연습을 짬짬이 한다. 신중하게 퍼팅하는 것을 보니 매우 재미있게 보여 남편 출근 후 퍼터를 손에 잡고 굴려 보았다. 보기보다 만만치가 않았다. 온 정신을 다 기울여 집중해서 굴려야 옆으로 빠지지 않고 홀로 들어간다. 실패와 성공을 맛보며 자꾸 해 보니 할수록 매력이 있었다.

그 후 가끔씩 남편과 퍼팅 내기를 할 때가 있었는데, 내가 이길 때가 많았다. 공을 굴려 열 번 연속으로 홀에 넣어야 이기는 것이다. 이기는 사람에게 만 원씩 주기로 했다. 내가 더 많이 성공하는 것을 보고 "어! 나보다 더 잘하네. 소질 있어."라고 칭찬하며 골프채를 사 줘야겠다고 했다. 남편은 내가 수시로 연습하는 것을 모른다. 일정한 기구에서 퍼팅하는 것은 골프장의 그린 위에서 하는 것보다 쉽기 때문에 연습을 많이 한 내가 돈을 더 땄다. 재미있는 현금 내기 게임이었다.

정년퇴직을 하게 되니 남편은 연습장에서 제대로 골프 레슨을 받으라고 하여 6개월 동안 열심히 레슨을 받은 후, 골프코치, 그리고 둘째 딸 내외와 한성CC에서 머리를 올렸다. 즉, 현장 체험인 것이다. 그 후부터는 연습장 친구들과 자주 골프장에 나갔다. 나에게 이런 날이 오리라고는 상상도 못했다. 학교 근무할 때와는 딴 세상을 만난 것 같다. 환경에 적응한다더니 골프가 나에게 딱 맞는 운동인 것 같아 너무 좋았고, 자고 깨면 연습장에 가서 시간을 보냈다.

아이들이 엄마가 골프를 시작하여 축하한다고 골프복, 골프용품 등을 선물로 사 오니, 갑자기 내 인생이 화려하게 바뀐 것 같다. 43년 6개월로 정년퇴직하면서 섭섭했던 마음도 차차 기억 속에서 멀어지며 골프 삼매경에 빠졌다. 웬만큼 칠 수 있으니 부담 없이 남편을 따라 다닐 수 있어 행복했다. 국내는 물론 필리핀에서 두 달, 태국에서 두 달, 일본, 중국, 말레이시아 등 가까운 동남아시아에 자주 다니며 골프를 즐겼다. 모두 부부동반이다. 만일 골프를 안 배웠더라면 남편과 동행하지도 못했을 것이고 얼마나 외로웠을까? 남편 따라 여러 나라의 아름다운 골프장을 감상하며 골프를 치니, 이곳이 천국이구나! 하고 감탄도 했다. 한편으로는 이렇게 놀고먹어도 되나 하는 자책감도 없지는 않았으나, 그것도 잠시뿐이고 동반자들과 잔디 밟고 카트도 타며 즐겁게 공을 날렸다.

남편이 골프에 한창 빠졌을 때, 하루에 두 골프장을 전전하며 공을 치는 것을 보고 모두 미쳤다고 생각했다. 새벽에는 태릉CC, 오후에는 한성CC, 기운이 뻗친 사람들이라고 핀잔을 주기도 했다. 그런데 내가 골프를 치면서부터 이해가 되었다. 부부가 같이 공을 쳐야 무난하고 서로 즐거움을 공유할 것 같다. 매년 한성CC 멤버들끼리 대회를 여는데, 그 대회에서 남편은 젊은 사람을 제치고 72타로 우승을 하여 노인이 노익장을 과시했다고 우승컵을 받을 때 많은 박수를 받았다고 했다. 1980년 초부터 싱글, 이글, 우승 등 기념패와 상품으로 기쁨을 맛보는 세월들이었다. 기념패는 집에는 몇 개만 놓고 모두 사무실에 갖다 놓았다.

2001년 9월 22일 일요일이었다. 그날도 역시 골프장에 간다고 하여 힘내서 잘 치고 오라고 쇠고기를 구워 상추와 같이 아침을 차려 주었다. 오늘이 큰딸 생일이라 저녁을 같이 먹기로 한 날이다. 오후에 남편한테서 전화가 왔다. 동서울 컨트리클럽 16번 홀에서 아이언 7번으로 홀인원을 했다는 기쁜 소식이었다. “축하합니다. 정말 잘했어요. 아침에 고기 구워 준 보람이 있네.” 나도 너무 기뻤다. 일생에 한 번 있을까 말까 하는 행운의 홀인원을 하였으니 보통 경사가 아니었다. 큰딸의 생일날이니 경사가 겹쳤다.

투명한 크리스털의 홀인원패와 기록 확인서를 보며 즐거운 이야기가 많았다. 친척과 지인들, 친구들로부터 많은 축하를 받아 답례품으로 홀인원 글자와 이름을 새긴 골프 우산을 준비하여 사람들에게 나누어주었다. 특히 평소에 고마웠던 분들한테는 홀인원 핑계로 고급양복 티켓을 돌리기도 했다. 그런데 막상 응원해준 나에게는 관심이 없는 것 같아 “내 덕분에 홀인원을 했는데 나에겐 아무것도 없어요?”라며 투정 비슷하게 했더니 “무슨 말씀? 내가 모시고 가서 예쁜 옷을 골라줘야지.”라고 한다. ‘좀 기다릴 걸, 엎드려서 절 받았나?’ 그렇지만 기분은 좋았다.

일요일, 남편은 시간을 내어 명동 롯데백화점에 가서 여기저기 돌아보고 마담의류점에서 코트와 모직 투피스 등 남편이 골라주는 대로 모두 샀다. 사실은 맘에 드는 옷 하나만 사려고 했는데…, 이것저것 골라주며 입어보라고 하니 좀 미안했지만, 맘먹고 사 주는 것 같아 모른 체하고 그대로 다 샀다. 기쁘고 축하받느라 여러 날 잔치 분위기였다.

이제 나도 홀인원 한 번해 봤으면 좋겠다. 홀인원 하면 5~10년은 재수가 좋다는데, 나도 언젠가는 한 번 하겠지… 하는 기대를 걸어본다. 골프가 좋은 점은 한 번 실수하면 다음번엔 잘 쳐야지 하는 새로운 각오로 더 신중하게 치게 된다는 것이다. 또한 동료가 잘 쳤을 때는 “굿샷” 또는 “나이스샷”이라고 칭찬하고 격려하며 우정이 깊어진다. 골프의 뜻을 알아보니 G: Green(잔디) O: Oxygen(산소) L: Light(햇볕) F: Friend(친구)이다. 잔디밭에서

산소를 마시고 햇볕을 받으며 친구들과 어울린다는 아주 심오한 뜻이 있었다. 그런데 쉬운 것만은 아니니, 이건희 회장도 자식하고 골프는 마음대로 되지 않는다고 했단다. 그만큼 어렵다는 뜻이다. 특히 숏 홀(파3홀)에서는 누구나 행운의 홀인원을 기원하며 공을 날린다. 공치는 사람들은 이런 맛에 골프장을 자주 찾을 것이다.

실패와 성공을 되풀이하고 사는 우리의 인생과도 같은 것이 골프라 생각하며, 행여나 꿈같은 홀인원 하나 잡으면 대박 나고 큰 영광이리라! 남편이 보고 싶다.

(2021. 11. 1.)

2

여름
– 화양연화(花樣年華)

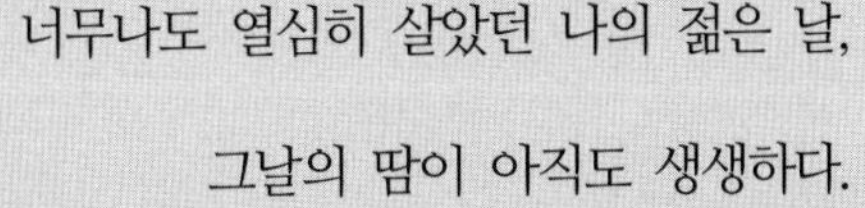

너무나도 열심히 살았던 나의 젊은 날,

그날의 땀이 아직도 생생하다.

한 개를 배워서 열 개를

사범학교 졸업 전의 일이다. 한 학년만 다니면 졸업인데, 억척 같은 친정어머니의 고집으로 본인의 의사와는 상관없이 갑자기 결혼을 하게 된 동창이 있었다. 이 소식을 들은 친구들은 물론, 담임선생님도 "졸업이나 하고 시집갈 것이지…." 모두 안타까워했다.

담임선생님은 가정방문을 해서 친정어머니를 설득했으나, 끄떡도 하지 않았다. 두세 번 찾아가서 졸업 후에 결혼 시키면, 교사 자격증도 받고 얼마나 좋으냐고 사정하다시피 설득하고 또 설득을 했다. 담임으로서 정말 제자의 앞날을 생각하고 책임감도 느꼈던 것 같다. 친정어머니는 우리 딸은 선생 안 시킨다고 하며 지금 결혼 안 하면 좋은 신랑감을 놓친다고 오히려 큰소리를 치면서 담임선생님한테 찾아오지 말라고 했다. 친구들이나 담임선생님의 바람도 아랑곳없이 그 동창 집에서는 결혼 준비를 서두르고 있었다. 담임선생님은 벽창호 같은 모친의 행동에 실망이

켰을 것이다. 그러면서 그 친구는 학교를 중퇴했고, 가까이 지내던 친구들도 어쩔 수 없이 현실을 수긍하고 졸업을 앞둔 바쁜 일정을 보내고 있었다.

어느 날 그 친구는 나에게 부탁이 있다면서 자기 결혼식 날 웨딩마치를 쳐 달라고 한다. 기악 시간에 오르간 교본은 많이 쳐 봤지만, 피아노 명곡집은 어림도 없었다. 그래서 못한다고 하니, 너라면 지금부터 연습해도 가능하다고 사정을 한다. 친하게 지내던 친구라 고민하다가 나를 믿고 부탁하는데 싫어서, "그래, 웨딩마치 연습해서 네 결혼식에 멋지게 쳐줄게."라며 대답하고 말았다. 몇 개월 남았으니 부지런히 연습하면 되겠지 하며 피아노 명곡집을 구해서 틈나는 대로 연습했다. 입장과 퇴장 때는 「결혼행진곡」, 예물교환 때는 「엘리제를 위하여」를 치기로 하고, 열심히 연습했다. 얼마나 연습을 많이 했는지 악보 없이도 칠 수 있게 암기가 되었다.

결혼식 날, 교복을 입고 책가방을 든 학생들이 하객으로 참석했으니 결혼식이 좀 특이했을 것이다. 나도 처음으로 쳐주는 웨딩마치라 신부 이상으로 가슴이 떨렸다. 무사히 결혼식이 끝나니 책임을 다한 것 같아 보람을 느끼기도 했다. 그 후부터 친척이나 동창생들의 웨딩마치를 쳐주게 되었고, 근무하는 학교에서도 동료 선생님들의 결혼식 반주를 해 드리게 되어 기쁘기 한량없었다. 이렇게 연습된 웨딩마치가 여러 사람들에게 도움을 주게 될 줄이야…. 처음 웨딩마치를 부탁한 그 친구가 오히려 고마웠다.

어쭙잖은 실력이지만 열심히 노력하여 얻은 효과는 대단히 컸다.

교사 시절 여름방학 때, 연세대학교 운동장에서 민속무용 연수를 받았다. 강사님들은 우리 고유의 음악무용이니 일선 학교에서 교사나 학생들에게 많이 보급하라고 했다. 봄 타령, 학도가, 뱃노래, 양산도, 아리랑 등으로 연결된 무용이다. 어떤 무용을 하든지 음악이 필수여서, 민속무용의 카세트테이프도 구했다. 포크댄스처럼 이중 원을 만들어서 파트너를 바꾸어 가며 하는 무용인데, 너무 재미있고 좋은 율동이라 생각되어 전근 가는 학교마다 합동 체육이나 운동회 때 민속무용을 가르쳤다. 흥겨운 우리 민요에 맞추어 무용을 하는 학생들도 신이 났고, 보는 사람들조차 흥미진진하여 같이하고 싶어 했다. 한 번 연수받아서 수십 번을 활용했고, 때로는 대상에 따라 동작을 살짝 변형하여 가르치기도 했다. 20대에 연수받은 민속무용이 얼마나 좋았으면 칠십 대 봉사활동을 할 때에도 가르쳤을까! 일생을 두고 보급했다고 해도 과언이 아니다.

또 그것뿐인가? 열심히 습득한 에어로빅이야말로 여성을 위한 운동이라 생각하고 학생, 교사는 물론, 어머니들에게 보급시켜 예술제까지 참가하게 되니 삶에 용기가 생기고 활기가 넘쳐났다. 이것 또한 칠십 대가 되어서도 동창회나 실버타운에서까지 활용하여 즐거움을 주게 되었다. 젊어서나 할머니가 되어서도 누구를 가르칠 때는 항상 기쁘고 즐거웠다. 음악, 무용, 기술, 학문 등이 높은 경지에 이른 것 같아 만족한들 혼자만 소유하고 있으면 무슨 소용이 있을까! 습득한 만큼 사회에 환원하여 많은 사람들이 공감하고 유익해졌을 때 보람과 가치가 있을 것이다.

가까운 친구들은 나를 보고 "하나를 배워서 열 개를 풀어먹는 친구"란다. 칭찬인지 흉인지 그렇게 말들을 했다. 또 어떤 친구는 "너는 쪼끔 배워서 아주 많이 써먹는 재주가 있다."라고 직접 말하는 것을 보면 칭찬 같기도 했다. 일생을 통해서 배우고 가르치는 것을 천직으로 알고 헌신해 왔으며, 초등학교 교사로 끝을 아름답게 마무리할 수 있었던 것은 나의 건강과 성격이 한몫한 것 같다.

꿈같은 세월을 보낸 지금, 살아온 역사를 글로 남기는 것도 좋을 것이라는 생각이 들었다. 특별하게 내세울 것은 없으나 좋은 추억을 상기해보는 기회라고 생각한다. 글쓰기를 시작한 지 10년 만에 수필집을 냈다. 수필집을 받아본 후배는 언니를 존경한다며 자기는 뭐하고 지냈나 하는 자기 성찰의 계기가 되었다고 한다. 또한, 나의 수필을 통해서 많은 것을 배웠다고 감사하다는 문자를 보내주어 고마웠다.

"하나를 배워서 열 개를 풀어먹는다."고 놀렸던 친구들의 이야기도 추억 속으로 묻혔으나, 그때의 친구들이 웃으며 하는 말이 귓전을 스치듯 그립다. 마음 같아선 지금이라도 하나를 배우면 열 개, 아니 그 이상을 풀어 먹을 수 있다. 나이 들었다고 주눅들지 말고 파이팅하며 살아가자! 용기를 내어본다.

(2021. 11. 10.)

두둑한 화선지에 쌓이는 애정

쌍문 모임이 연안식당에서 있었다. 여섯 명 중 두 분은 병고와 백신 맞는 날이라고 불참했다. 교통사고와 낙상으로 병원에 입원했던 K 선생님은 걷기가 힘들어 남편이 데려다주어 나왔다며 모두 보고 싶었다고 한다. 그동안 동호인끼리 쓴 시집과 사탕까지 봉지에 넣어 가져와 나누어 주었다. 코로나19가 끝날 줄 모르니 방콕으로 답답했는데, 모임 핑계로 외출할 기회가 와서 좋았단다. 그동안 지내온 이야기가 한창인데 K 선생님은 갑자기 한 선생님께 신세를 많이 졌다고 하며 그때 너무 고마웠다고 뜬금없는 이야기를 하신다. 무슨 신세를 졌단 말인가? 몹시 궁금했다.

K 선생님은 의정부에서 근무하다가 처음으로 서울에 발령을 받고 본교에 부임하여 같은 학년 내 옆자리에 앉았다. 몇 살 위인 선생님은 하이 소프라노로 가곡을 잘 부른다. 옆에서 이야기

도 많이 하며 새 학교에 익숙하도록 도와 드렸다. 수업이 끝난 어느 날, 어쩌다 그의 패스포드에서 잘생긴 남자 사진을 보게 되어 배우 사진인가 하고 이름을 물어보니, 자기 남편이라고 하여 놀라웠다. "아주 미남이시네요."라고 하니 같이 본 동학년 선생님들도 "정말 미남이셔요. 미남하고 살아서 좋으시겠어요."라며 한턱내라고 야단들이다. 잘생긴 남편 얼굴도 보여줘야 한다면서…. 물론 농담 반 진담 반으로 한 말인데, K 선생님은 더 좋아하며 동학년 회의가 있는 다음 주 금요일 집으로 초대하겠단다. 우리들은 그저 좋은 뜻으로 한 말인데…. K 선생님은 명랑하고 성격이 좋은 분이라고 생각되었다.

다음 주 그날이 와서 미안한 마음도 있었지만, 본인이 유쾌하게 초대했으니 즐거운 마음으로 몰려갔다. 남편을 보니 사진과 같이 인물도 좋고 친절하게 우리를 대해 주셨다. 심부름하는 폼을 보며 매우 애처가라고 느꼈다. K 선생님 부부도 기분 좋아하고 우리도 즐거웠고, 웃자고 한 소리에 초대까지 해 준 K 선생님이 고마웠다. 그 시간은 지금까지 잊지 못할 추억이 되었다. 지금도 옛날얘기를 하면서 한바탕 웃음이 터진다.

그 시절, 학교에서는 서예 강사를 초빙해서 연수를 받기도 했고 교직원 붓글씨대회도 열었다. 또 선생님들의 붓글씨 향상을 위해 주 1회 화선지에 시조 한 편씩을 써내는 숙제를 내 주었다. 붓을 먹물에 적당히 찍어서 써야 하는데 농도를 잘 못 맞추면 번지기도 하고 망치기도 일쑤다. 그래서 연습을 많이 한 후에 써야 한다. 시간도 걸리지만, 붓글씨가 안 된다는 몇 분 선생님들은 내게 아예 숙제를 부탁한다면서 내 책상 위에 이름만 써서 화선지를 갖다 놓으셨다. 나도 특별히 잘 쓰지는 못해도 붓글씨를 좋아했기에 화선지가 쌓여도 부담은 없었다. 그만큼 연습할 종이가 두둑하니 마음 놓고 서예 공부를 할 수 있구나 하고 생각했다. 시조도 마음대로 골라서 열심히 써 놓으면 고맙다고 찾아가신다.

K 선생님도 부탁하는 단골 선생님으로 미안하다며 조심스럽게 화선지를 맡긴다. 미안하기커녕 붓글씨 연습할 기회가 많아 오히려 좋다고 했다. 숙제를 대신해 주는 것이 옳은 일은 아니지만 동료끼리 거절할 수도 없었다. 좋은 기회인데 해보지도 않고 소질 없어 못쓴다고 단념하는 선생님들이 참 딱하다고 생각하며 부탁 받은 대로 쓰다 보니 알게 모르게 붓글씨가 많이 향상되었다. 선생님들은 감탄하며 한석봉의 피가 흘러 잘 쓴다는 둥 계속 화선지를 갖다 놓았다. 칭찬을 하거나 말거나 아랑곳하지 않고 열심히 썼다. 붓글씨 연습을 제대로 하게 해 준 그들이 오히려 더 고마웠다. 그 옛날 초등학교 시절이 잠시 지나간다.

초등학교 4학년 여름방학 때, 습자 숙제와 그리기 숙제가 있어서 열심히 연습하여 습자지에 써서 가지고 갔다. 신기하게도 '남북통일'이라고 쓴 붓글씨와 '참외밭 원두막'을 그린 그림이 모두 전시회에 붙었다. 그 작품들을 보면서 기분이 그렇게 좋을 수가 없었다. 그것이 계기가 되어 오늘날 붓글씨와 그림 그리는 것에 흥미가 붙은 것이 아닌가 싶다.

그 후 붓글씨에 계속 관심을 가지고 있던 차에 붓글씨 연수를 통해 더욱 자신감이 생긴 것 같다. 컴퓨터가 나오기 전에는 붓으로 상장 및 6학년 졸업장의 이름도 수없이 썼으며, 학교 행사가 있을 때는 입간판에 내용을 써서 정문에 세워 놓았던 기억도 난다. 이렇듯 붓글씨와 그림 그리기는 뛰어나진 않았지만, 아이들 가르치는 데에도 많은 도움이 되었다.

긴 세월이 흘러갔다. 그 옛날 서예 숙제를 하면서 점점 늘어가는 붓글씨에 기분이 좋았던 때를 회상하면 웃음이 나온다. 미남 남편과 산다고 초대까지 해 주었던 K 선생님은 지금도 만나면 신세를 졌다는 말을 아낌없이 한다. 아마 그분은 막막했던 붓글씨였는데 고민을 해결해 준 셈이니 진정 고맙다는 생각을 잊지 못하는 것 같았다. 별로 잘 쓰는 것도 아닌데 화선지를 맡기며 인정해 주었던 동료 선생님들이 고마울 뿐이었다.

50여 년을 만나온 쌍문 선생님들! 이제는 연륜미를 보여주며 건강하시길 기원하는 마음이다.

(2021. 5. 31.)

모르는 게 약

5학년을 담임하고 있을 때였다. 학교에 출근을 하자마자 교감 선생님께서 오늘 종합장학을 받는 날이라고 한다. 종합장학이란 교육청에서 장학사들이 1학기와 2학기에 한 번씩 나와서 수업 및 학교의 모든 업무를 검토하여 평가하는 날이다. 오전에는 주로 수업을, 오후에는 각 분야의 업무계획과 실적을 본다. 학교의 이모저모를 모두 살핀 후 평가회를 열어 잘된 점은 칭찬하고, 부족한 점은 보완하도록 지시한다. 그 결과를 가지고 학교 등수도 결정하는 것이다.

종합장학을 받는 것은 학교로서는 연중 큰 행사임에 틀림없다. 더 오래전에는 장학사들이 2~3일 전에 예고하고 나왔지만, 이번에는 당일에 나오면서 유선으로 알려주었다. 교장, 교감 선생님은 물론 전교 선생님들 모두가 긴장하여 교실의 정리정돈 및 수업자료 챙기기에 정신이 없다. 같은 학년끼리 차시별로 재빠르게 학습 자료를 교환하여 수업을 한다. 아이들에게도 실내에서 평소보다 조용히 질서를 지키도록 지도한다. 교사나 학생들이 이날은 하교할 때까지 긴장을 풀지 않고 하루를 지내게 된다.

장학사들이 주로 평가하는 것은 교실의 환경 정리, 청소 상태, 교사의 수업 태도 및 아이들의 학습 태도 등이다. 교실마다 순회하며 2~3분 정도 메모하면서 참관한다. 학교의 높은 평가를 받기 위해 시험을 보듯 부담이 가는 것은 사실이다. 장학사 네 분이 오셨다. 2교시부터 4교시까지 저, 중, 고학년을 나누어 각 교실에 들어가 5분 정도 수업참관을 한다. 학교에 오시는 손님 중 제일 큰 손님이다.

4교시 시작종이 울렸다. 그런데 장학사 네 분이 후다닥 빠른 걸음으로 우리 교실로 들어오셨다. 칠판에 학습 목표를 쓰며 '이상하다, 왜 모두 우리 교실로 오시지? 이번 장학은 이렇게 하나?' 생각하며 수업을 진행했다. 도입부터 시작하여 전개, 정리 단계까지 꼼꼼히 살펴보고 수업이 끝날 때까지 나가지 않고 교실에서 메모를 한다. 아무리 생각해도 아직까지 이런 예는 없었다. 의아하게 생각하며 점심시간이 되어 급식을 나누어주고 식사를 하고 있는데 "5학년 한혜정 선생님, 6학년 김영환 선생님, 식사 후 교무실로 오십시오."라는 방송이 나왔다. 그 순간 '왜 호출이지?' 하면서 점심을 먹는 둥 마는 둥 하고 교무실로 갔더니 6학년 김영환 선생님은 벌써 와 있었다. 장학사가 두 사람의 수업참관 결과를 종합해서 평을 해 주는 것이었다. 나에게는 이런

저런 칭찬을 하며 "교감 선생님, 한 선생님은 고학년 묵기니까 앞으로 계속 고학년만 주세요."라고 한다. '고학년 묵기'란 고학년에 맞는 선생님이란 뜻이다. '저 사람이 나하고 전생에 무슨 원수졌나, 계속 고학년이라니….' 하며 속으로 야속해했다. 그때 저만치 앉아서 아이들 받아쓰기 채점을 하며 듣고 있던 1학년 최병옥 부장님께서 "장학사님, 한 선생님이 1학년을 맡으면 얼마나 잘하는지 모르시죠?" 하고 웃으셨다. 장학사도 "아, 그래요?" 하며 같이 웃었다.

알고 보니 나와 6학년 김영환 선생님은 학교대표로 특정 수업을 한 것이었다. 김 선생님은 교감 선생님께서 아침에 알려주셔서 알고 있었다고 했다. 그래서 왜 저에게는 알려주지 않았느냐고 여쭈어보았더니, 여자 교감 선생님께서는 "어머나, 어쩌지? 내가 알려주려고 한 선생님 교실로 가다가 뒤에서 "교감 선생님, 전화 왔어요." 하는 바람에 다시 교무실로 와서 전화 받고 깜빡했네!" 하시며, 대단히 미안해하셨다. 이왕지사다. 만약 알고 수업했다면 더 부담되지 않았을까 하는 생각이 스치고 지나갔다. 모르고 했기 때문에 자연스럽게 수업을 할 수 있었는지도 모른다고 생각하니 오히려 알려주지 않은 것이 더 고맙게 여겨졌다.

인생도 비슷한 데가 있다. 죽을 날을 미리 알고 산다면, 아무리 행복하게 산다 해도 떠날 날이 가까울수록 얼마나 초조하고 불안할까? 한 치 앞을 모르고 사는 인생이 다행인 듯싶다. 우리말에 '모르는 게 약이다.'라는 말이 있지 않은가? 모르고 지나면 괜찮은데 알고 나면 골치 아픈 것들이 의외로 많다. 특정 수업이라는 것을 모르고 했기에 장학사 앞에서도 자연스럽게 한 것이 좋은 평가가 되었는지 모른다. 그 덕에 학년말 때 교육청에서 명예의 교육감상을 수상하게 되었다. 몸이 불편하신 친정아버지께서 딸의 시상식에 지팡이를 짚고 참석하여 즐거워하시던 모습이 눈에 선하여 잊히지 않는다. 또 1학년을 맡으면 더 잘한다고 장학사 앞에서 칭찬하시던 최 부장 선생님도 보고 싶다. 그러나 아버지도 최 부장님도 이미 고인이 되셨으니 매우 안타까울 뿐이다. 이제 정년퇴임한 지 여덟 해나 지났는데도 엊그제처럼 눈에 밟히며 추억이 생생하다.

언제나 새 아침을 맞이하면서 좀 더 보람된 삶을 살고자 스스로 다짐해 본다. 건강이 따라 주는 한 자원봉사, 운동, 평생교육 등으로 품위 있고 즐거운 여생을 보내고 싶다. 장학사가 수업을 보고 평가하듯이 내 일생의 평가는 지상에서 마지막을 고한 후, 남은 사람들의 몫이다. 이왕이면 종합장학 때처럼 좋은 평가로 남기를 바라지만 이것은 알려고 해도 알 수 없는 영원한 숙제이므로 역시 '모르는 게 약이다.'라고 생각되었다.

(2014 .3.)

내 인생의 전성기

음악학원에서 나와 선배는 팔짱을 끼고 걸어오다가 지하철까지 왔다. 몇 계단 내려오는데, 선배는 갑자기 가로수에 꽃이 피었다고 너무 신기하다고 한다. “아니, 가로수에 잎도 안 나왔는데 무슨 꽃이 피었을까요?” 선배는 꽃을 보여준다고 내 손을 잡고 다시 밖으로 나갔다. 이리저리 둘러보는데, 찻길 건너편 대각선으로 화사한 연분홍 꽃이 보였다. 먼빛으로 보기에는 가로수 사이에 둥그렇게 둥지를 튼 나지막한 분홍 벚꽃이 사람들의 시선을 끌고 있었다. 자연의 현상이지만 어떻게 잎 하나 없는 나목의 가로수 사이에서 공주처럼 고고한 자태로 꽃이 피었을까? 선배는 매우 신기했던 것이다.

선배와 헤어져 오다가 성북 천 길로 들어섰다. 가로수로 된 벚꽃나무 가지마다 온통 뾰족뾰족한 꽃망울이 움터서 곧 터질 것만 같았다. 긴 겨울 혹한에도 견뎌내며 용감하게 봄을 기다려

온 것이 아닌가! 산수유도 질세라 연노랑으로 산듯하게 나왔고 좀 있으면 여기저기 알록달록 화려한 꽃들의 축제가 열릴 것이다.

나무와 꽃들에게 굳이 전성기를 따진다면 사계절 중 언제가 될까? 새싹이 나고 꽃피는 봄, 녹음이 무성한 여름, 단풍 들고 낙엽 지는 가을, 삭풍이 몰아치는 겨울. 이 사계절엔 저마다의 특징이 있으니…, 사람들이 보기엔 시냇가의 얼음이 풀리고, 겨울잠 자던 개구리가 깨어나고, 버들강아지 눈뜨며 모든 만물이 용솟음치는 봄 같은데, 정작 나무와 꽃들에겐 언제가 전성기일까. 그 또한 그들만이 알겠지?

사람들에게도 분명히 전성기가 있을 것인데…, 이 또한 각자의 인생이 다르니 전성기도 천태만상이겠지. 만일 누군가가 나에게 인생의 전성기는 언제였느냐고 물어 온다면? 4~50대가 직장에서는 한창 정열을 쏟으면서 보람도 느끼고 성과를 볼 수 있고, 가정에서는 남편의 사업도 번창하고 아이들도 제 위치에서 열심히 공부할 때니, 그때가 아닐까요?라고 대답할 것 같다.

40대 중반부터 S학교에서 어머니회를 맡게 되었을 때이다. 교장 선생님과 상의하여 본교를 지역사회학교로 만들었다. 지역사회학교란 그 지역의 학부모들이 학교에 와서 필요한 것을 배우기도 하고 학교를 돕기도 하는 것이다. 서예, 꽃꽂이, 합창, 에어로빅교실을 만들어 아이들이 하교한 후 빈 교실을 이용해서 배운다. 강사는 재주 있는 본교 선생님들이 맡았다. 회원이 75명에서 600명 이상으로 늘어났다. 회원이 많을수록 활성화되고 학교에도 도움을 줄 수 있었다. 그때 지역사회학교 후원회 회장이 故 정주영 회장님이셨다. 후원회에서는 주성민 총무를 비롯하여 직원들이 가끔 내교하여 지역사회학교가 잘 운영되도록 선진국의 동영상을 스크린으로 보여주기도 하며 교육을 시켰다. 또 담당 교사들을 현대건설 사옥에 불러 점심도 같이하며 대화의 시간을 가졌다. 정 회장님은 여러 가지 좋은 말씀과 덕담을 해 주셨는데, 특히 우리나라의 새싹들을 잘 길러 달라는 부탁의 말씀에는 나라의 앞날을 생각하고 사랑하는 마음이 넘쳐 남을 느낄 수 있었다. 연말에는 현대사옥에서 전국 어머니교실 담당 교사들을 초대하여 성공 사례도 발표하고 저녁식사 후에는 잠시 여흥도 가졌는데, 그때마다 정 회장님은 그분의 18번인 「가는 세월」을 잘 불러서 박수를 받았다. 이렇게 많은 담당 교사들을 매년마다 초대해 주시니 참 넉넉한 분이시다.

지역사회학교 어머니들은 학교에서 배운 붓글씨와 꽃꽂이를 작품 전시회에도 내고 북부 종합학예발표에도 열심히 참여하여 학교 이름을 빛냈다. 이렇듯 유임까지 하면서 학교를 위해 최선을 다했던 때였다. 그 후로는 전근 가는 학교마다 으레 어머니교실 담당 교사로 뽑혀 활동해 왔다. 초, 중학교 여교사 회장단으로 산업시찰도 다녀왔고, 국가에서 보내주는 9박 10일의 교사 해외연수도 다녀왔다. 한때 서울 여교사합창단에 출석하여 남산학교에서 연습(할렐루야, 청산에 살리라, 겨울나무)하여 연말에 세종문화회관에서 발표하는 등 눈코 뜰 새 없이 바빴다. 그러나 이런 것들은 모두 신바람 나는 행사였다. 딸의 노래하는 모습을 보시기 위해 지팡이를 짚고 오셨던 부모님의 모습이 눈에 선하며 가슴이 뭉클했다. 그때가 내 인생의 첫 번째 전성기가 아니었을까? 그러나 그 시절에 너무 의욕적으로 몸을 혹사 시켜 무리가 와서 편도선 수술까지 했다. 언제나 지나친 열정이 나의 장점인 동시에 단점이기도 하다. 방방 뛰던 젊은 날의 열정 시절은 이제는 아름다운 추억으로만 간직하고, 남은 인생은 여유를 가지고 좋아하는 것 배우면서 즐겁게 살고 싶다. 또한, 잎도 나지 않은 대머리의 가로수 사이에서 아름다움을 발하는 분홍 꽃의 일생을 천천히 생각해본다.

요즘 '아코디언'이라는 새로운 악기에 도전하면서, 탄탄한 실력으로 멋지게 연주하고 싶은 새로운 꿈이 생겼다. 나이는 숫자라 했으니, 노년이지만 나목인 가로수 사이에서 빛을 발하는 분홍 꽃처럼 아름답고, 반짝반짝 빛나는 제2의 전성기를 꿈꾸어 본다.

(2023. 3. 22.)

추억의 향기

책장을 정리하다가 94년도 6학년을 담임할 때, 95년도 졸업을 앞둔 우리 반 학생들이 만든 학급문집을 발견했다. 표지에는 「추억의 향기」라는 제목으로 서울돈암초등학교 6학년 5반이라고 쓰여 있다. 초록 바탕에 검정 사인펜으로 친구들이 우산을 같이 쓰고 다정하게 걸어가는 모습이 그려져 있다. 반가운 마음에 얼른 책장을 넘겨보았다. 첫 페이지에는 제자들에게 쓴 나의 편지글이 있었다. 오랜 세월이 지나 기억도 가물거리는데 그 당시에 뭐라고 썼는지 새삼 궁금했다. 지금보다는 훨씬 젊었고 패기가 넘쳤던 그 시절, 아이들의 졸업을 축하하는 나의 편지글로 시선이 옮겨진다. 담임으로서 제자들에게 남긴 마지막 글이다.

6학년 5반 여러분! 졸업을 축하합니다.

작년에는 유난히도 무더웠고 크고 어려운 일들이 많았으나, 우리는 한 명의 낙오자 없이 건강한 모습으로 졸업을 맞이하게 되어 감사하게 생각합니다. 천진난만한 모습으로 어머니, 할머니의 손을 잡고 1학년에 입학한 지 엊그제 같은데, 이제 졸업을 하게 되니 그동안 키워주신 부모님과 여러 선생님들의 은혜를 늘 간직하고, 사회에 공헌하는 훌륭한 사람이 되어 주기 바랍니다.

졸업이란 곧 시작을 의미하는 것으로서 중학교에 진학하여 새 출발을 하게 되는 것입니다. 또한, 졸업이 정든 학교와 친구들, 선생님과 작별이라고 하나 우리는 큰사람이 되어 꼭 만나게 된다는 사실을 인식하며 건강하고 실력 있는 사람이 되어야 합니다.

10년 후, 20년 후의 자신을 생각하며 그날그날을 성실하게 사십시오. 그리고 사회에 꼭 필요한 사람이 되십시오. 여러분 앞날에 항상 행운이 가득하길 바라면서….

1995년 2월 여러분을 사랑하는 선생님

바로 그 10년이 지나고, 20년이 다가온다. 지금 그들은 어디서 무엇을 하고 있을까! 어떤 모습으로 살고 있을까! 첫 페이지에 있는 나의 글은 아이들에게 해 주고 싶은 마지막 당부의 말이었다. 좀 더 희망적인 얘기와 칭찬의 글이 있었으면 좋았을 걸…. 지금 생각하면 해 주고 싶은 이야기가 너무 많았는데, 문장도 내용도 좀 빈약한 것 같아 아쉬웠다. 그러나 제자들을 생각하며 썼다는 옛 추억에 감회가 새로웠다. 뒷장에는 제자들이 쓴 편지와 사진, 삽화를 곁들인 아이들의 산문과 운문이 실려 있다. 잘된 글도 있지만 어설프고 장난기 있는 글들이 나를 웃기기도,

울리기도 했다. 한 명 한 명의 모습을 떠올리며 시간 가는 줄 모르고 읽어보았다.

「문집을 내며」

짧은 시간 동안 완성하느라 힘들었지만 문집을 넘겨보며 보람을 느낍니다. 졸업을 앞두고 펴내는 문집이라 더 꼼꼼하고 알차게 펴내고 싶어서 노력을 많이 했습니다. 문집을 보면 언제나 재미있고 웃음꽃이 피던 6학년 5반 친구들과 유머 있고 자상하셨던, 때로는 엄하셨던 담임선생님을 생각할 수 있을 것입니다. 일 년을 보낸 추억을 여행할 수 있는 문집인 만큼 잘 간직해주세요. 언제까지나 우리는 친구입니다.

1995년 2월 편집위원 조수진, 김은영

아이들의 글을 읽으니 그 아이들의 얼굴이 떠올라 문집에서 눈을 뗄 수가 없었다.

「선생님께!」

선생님을 처음 뵈었을 때부터 무척이나 친근감이 느껴졌어요. 그런데 벌써 헤어져야 한다는 마음에 섭섭함은 이루 말할 수 없습니다. 그동안 추억도 많았지요. 선생님의 생동감 넘치는 6·25전쟁 이야기, 항상 웃으며 바쁘게 다니시는 모습 등이 생생합니다. 초등학교 생활 중 6학년이 제일 재미있었어요. 비록 저희들은 떠나지만 언제까지나 저희들을 생각하시리라 믿습니다. 자주 찾아뵙고 편지 드리겠습니다. 6학년의 좋은 추억을 간직한 채 이만

줄입니다. 안녕히 계십시오.

1995. 2. 8. 제자 수진 올림

「정들었던 6학년」

어느 사이 일 년이 지났을까 / 정들었던 선생님과 친구들 /
아! 다시는 돌아올 수 없을 거야 / 정든 학교 정든 교실 /
아! 다시는 들을 수 없을 거야 / 선생님의 주옥같은 말씀들 /
두고두고 이 추억들을 / 가슴 깊이 묻어 두리라.

1995. 2. 8. 송미영

아이들은 내가 해 준 것보다 더 많은 사랑으로 나에게 돌려주었다. 그때의 바람이 어떤 결실로 맺어졌는지는 모르지만, 자신의 자리에 잘들 서 있을 것이라 믿는다. 그해에는 과학부장, 학년부장을 겸하면서 매우 바쁜 일상을 보냈었다. 1층에서 4층 교실을 하루에 열 번도 더 오르락내리락하면서 힘들었지만, 아이들의 글을 보면서 보람을 갖는다. 그 당시는 잘 만들었다고 칭찬도 못 해줬는데…. 지금에서야 감탄사가 나온다. 아이들은 무한한 창의력과 가능성으로 나를 깜짝깜짝 놀라게 할 때가 종종 있다. 아이들이 무척 보고 싶다. 지금쯤 모두 성인이 되었을 텐데 무슨 일들을 하며 지낼까?

몇 년 전, 돈암시장에 갔다가 제자를 만났다. 등에는 6개월 정도로 보이는 아기를 업고 있었다. 반갑기도 하고 너무나 뜻밖이라 "너 벌써 아기 엄마가 되었구나!" 하고 웃으면서 잠자는 아기를 들여다보았다. 개교 50주년 기념으로 만든 문집 『돈암동산』에 하늘나라에 계신 아버지께 편지를 써서 가슴 뭉클하게 했던 어린이였다. 13살의 6학년 소녀 때 보고 처음 만난 것이 아기 엄마 모습이었으니, 세월의 빠름을 다시 한번 실감했다.

「추억의 향기」 끝부분에 6학년 여섯 반 담임 선생님들의 설문을 조사하여 실어놓은 글을 읽으면서 나도 모르게 빙그레 웃음이 나왔다. 특히, 나의 별명이 '싱싱고'라고 쓰여 있었다. 항상 '싱싱하다'고 동료들이 지어 준 별명이었다. 그 시절이 그리움으로 다가오며 같이 지낸 6학년 선생님들이 보고 싶었다. 그동안 모두들 안녕하실까!

시간 가는 줄 모르고 몇 시간 동안 그야말로 추억의 향기 속에 젖어 있었다. 이 시간은 나에게 다시는 돌아올 수 없는 그리움과 즐거움을 주었다. 그때엔 아이들의 글이 그렇게 마음에 와 닿지 않았었는데, 지금 다시 보니 하나도 빼기 아까운 소중한 글들이다. 그때의 제자들에게 나의 마음을 전해본다.

"소중한 나의 제자들, 언제 어디서든 건강하게 사회에 쓸모 있는 사람이 되어 주길 바란다!"

(2012. 7. 8.)

어떻게 운영할까?

“모든 일은 시작이 중요하고 어떻게 준비하느냐가 더 중요하다.”

돈암초등학교에서 4년의 근무를 마치고 마지막 봄방학 하는 날, 전보발령 통지서가 도착했다. 전보 대상 선생님들은 학교 이름이 기록된 발령장을 가지고 당일로 해당 학교에 가서 신고를 해야 한다. 방송조회를 통해 전교 어린이들과 선생님들에게 작별 인사를 하고 각각 전근 갈 학교로 떠났다.

그 당시 56세였으니 완전 원로교사다. 새 학교에 가서는 보직(補職)과 중책도 맡지 말고 정년까지 편안하게 근무하기를 바랐다. 마침 봄방학을 이용해 4박 5일 해외여행이 잡혀 있었다. 그런데 방학이 끝나는 2월 28일 새로 오신 선생님과 구 직원과의 인사 및 담임 발표를 한다고 모두 출근하라고 한다. 3월 2일이 개학이라 마음 놓고 여행을 다녀올 계획이었는데…, 그날 무단결

근한다면 좋지 않은 인상을 줄 것 같았다. 그래서 솔직하게 말씀드리고 가는 게 옳을 것 같아 학교에 갔더니 남자 교감 선생님만 나와 계셨다. 죄송한 말씀을 드린다고 하면서 보직은 안 맡겠다 했고, 전 학년 중에서 한 학급만 담임하게 해 주십사 하고 말씀을 드렸다. 또 본교 학사일정을 모르고 여행이 예약되어서 28일 출근을 못한다고 했더니, 출장이신 교장 선생님이 오시면 의논하겠다고 하시는 표정이 좀 언짢으신 것 같았다. 그렇지만 이왕 내친걸음이다 싶어 "3월 2일 뵙겠습니다." 하고 나오는데, 마음이 영 찜찜했다. 그러나 방학 중, 하루 출근을 위해서 사전에 예약된 여행을 포기할 수는 없었다.

여행을 무사히 다녀와서 개학날 학교에 갔다. '아니, 이게 웬 일인가!' '1학년 부장'과 학교에서 제일 큰 학부모단체인 '어머니회'까지 담당자로 정해져서 이미 프린트되어 나왔다. 사전에 부탁드리고 갔는데, 참 너무한 것 같았다.

"교감 선생님, 젊은 선생님에게 기회를 주셔야지요. 어떻게 나이 많고 새로 온 사람에게 무거운 짐을 다 주셨나요?"

교감 선생님은 전 학교에서의 경력을 보고 결정했다고 능력이 되시니까 그냥 수고해 주라고 하신다. 너무 심했다. 3월 5일이 입학식이다. 1학년이 여덟 학급인데, 담임 일곱 분이 모두 구직원이다. 그분들 중에는 남자 윤리부장과 연세 많으신 여선생님 한 분이 계셨다. 모든 것이 낯설고 할 일이 많았다. 원래 계시던 일곱 분 선생님 앞에 타교에서 전근 온 선생이 부장이 되었으니,

'어떻게 동학년을 운영해나갈까?' 걱정이 되었다.

우선 일곱 분의 담임들을 점심 식사 후에 우리 교실로 모이게 했다. 둥글게 앉아 오리엔테이션을 하면서 "부장으로서 많이 부족한 사람이지만 선생님들의 협조를 부탁합니다. 일 년 동안 즐겁게 지냅시다."라며 어색함을 없애기 위해서 차 한잔하고 잠시 간단한 게임을 했다. 자기가 좋아하는 꽃 이름을 하나씩 정하라고 하니, 무궁화, 백합, 도라지. 개나리. 민들레, 라일락, 나팔꽃, 진달래 등 다양하게 나왔다. 동작을 하면서 박자에 맞춰 다른 사람의 꽃 이름을 대는 간단한 게임이다. 긴장도 했다가, 틀려서 웃다가 하면서 분위기가 부드러워졌다. 아이 엠 그라운드 꽃 이름대기 ~○○○ 짝짝, ○○○ 짝짝…. 유치한 것 같지만 그런대로 재미있고 의미가 있었다.

이렇게 매일 모여서 교재연구, 학습자료 등 좋은 수업을 위한 의견들을 발표하고 기록하며 한 시간 정도 회의를 마친 후, 각자 자기 교실로 가서 마무리를 한다. 얼굴을 보면서 일을 하니 분위기가 점점 화기애애해졌다. 그 후부터는 언제나 점심 식사 후에 으레 부장 교실에 모였다. 식곤증을 없애기 위해 책걸상을 뒤로 하고 30분 동안 음악에 맞춰 리듬체조를 시도하니, 너무 좋아들 하셨다. 여자 교감 선생님도 처음에는 구경만 하시더니, 소화도 되고 운동이 된다며 합세하셨다.

점심시간이 끝나면, 30분간 운동하고 보도안도 쓰며 필요한 정보교환도 하니 금상첨화다. 동학년 선생님들은 학교 근무가 즐겁다고 했다. 1학년 선생님들은 무용, 노래, 글씨, 그림, 춤, 종이접기 등에 재주가 많아 서로 공유하여 수업의 질도 높일 수 있었다. 특히 연세 많으신 윤영진 선생님은 종이접기에 일가견이 있으셔서 어린이날, 어버이날, 스승의 날에 색종이로 꽃을 접는 시범을 보여주어 각 반의 어린이들이 예쁜 꽃을 접을 수 있었다. 색종이는 윤 선생님 손에만 가면, 종이학, 나팔꽃, 물고기 등 여러 가지 멋있는 작품들로 변한다.

금요일에는 동학년 회의가 있고 종례가 없는 날이다. 회의를 좀 일찍 마친 후 교장, 교감 선생님도 모시고 좋은 음식점에 가서 식사를 나누며 단합대회를 가지기도 했다. 이렇게 지내면서 선생님들과의 어색함도 모두 사라졌다.

학교에는 참 행사가 많다. 가을 운동회가 돌아왔다. 1학년에서는 무용 선생님의 지도로 꼭두각시 무용을 하는데, 한복 의상도 깜찍하고 선생님들이 다 같이 협조하여 성공적이었다. 칭찬도 많이 듣고 나중에 앙코르까지 받았다. 가을 소풍도 큰 행사이다. 아이들이 좋아하는 롯데월드로 갔다. 모노레일, 신밧드의 모험 등 여러 가지 놀이기구를 타며 아이들은 마냥 신바람이 났다. 마지막에 퍼레이드를 구경하는데, 여러 나라 사람들이 아름다운 의상과 분장을 하고 춤을 추며 말이나 멋있는 자동차, 가마를 타고 행렬을 한다. 우리나라 팀이 아리랑에 맞추어 춤추며 나올 때는 박수를 치면서 환호성이다. 대절한 버스 안에서도 동화 듣기, 노래 부르기 등으로 즐거운 나들이가 되었다. 아이들은 정말 좋은 구경들을 많이 했다. 하지만 선생님들은 학교에 도착하여 하교시킨 후에야 안심을 한다.

개교기념일이 돌아왔다. 학교가 쉬는 날이다. 동학년 선생님들에게 연락을 했다.

"내일은 정상 출근입니다. 롯데월드 정문 앞으로 9시까지 집합하세요."

지난번 소풍 때는 아이들 지도하시느라 수고하셔서 우리도 동심으로 돌아가 놀이기구도 타고 맛있는 것도 사 먹으며 놀아보자고 했다. 너무들 좋아하셨다. 그야말로 선생님들의 소풍날이다. 신밧드의 모험처럼 배를 타고 신기한 것, 무서운 것도 많이 구경했다. 보트를 타고 정글을 지나 낭떠러지로 떨어질 때는 정말 스릴이 있었다. 너무 무서워 "으악" 소리를 내며 눈을 감았다. 여러 가지 놀이기구들을 타고 나니 목도 마르고 출출하여 옆에 있는 롯데백화점에 가서 맛있는 녹두부침개, 막국수도 먹고, 막걸리 잔도 부딪히면서 브라보도 했다. 끝으로 노래방에 가서 자신의 기량을 마음껏 뽐내보기도 했는데, 어느새 오후 5시 종례시간이 되었다.

"오늘, 종례를 마치겠습니다. 곧장 댁으로 가십시오."

그 말에 모두들 박수를 치며 오늘 정말 행복했다고 한다. 이렇게 마음 놓고 놀아본 적이 없다며 모두 즐거운 마음으로 헤어져 집으로 향했다.

학년 초에 동학년 운영을 어떻게 할까 심히 걱정했는데, 선생님들이 잘 따라주고 협조해 주셔서 즐겁고 원만하게 끝맺은 것 같아 감사하게 생각한다. 청일점인 윤리부장 선생님은 합동 체육이나 야외학습 때마다 사회를 멋지게 보아 명랑하게 분위기를 고조시켰다. 지금은 교장으로 승진했지만, 이십여 년의 세월이 흘렀어도 동학년의 모임을 유지한다. 왕언니로 부르는 윤 선생님은 정년 후 평촌복지관에서 '종이접기와 사자소학'을 가르치며 존경받아 왔다. 세월이 무색할 정도로 건강하고 탁구를 즐기며, 코로나가 완화되면 다시 봉사하실 것이라고 한다.

모임 때 만나면 나팔꽃 선생님, 진달래 선생님…, 등등 그 시절 게임에서 정했던 꽃 이름으로 부르며, 97학년도 송중초등학교 1학년 동학년 때가 제일 재미있고 행복했단다. 모두들 젊었을 때로 돌아가 그때의 추억을 회상하고 "깔깔깔" 웃으며 이야기가 끊이질 않는다. 역시 매사에 즐거움이 있어야 어려움도 극복하고 아름다운 열매를 맺을 수 있을 것이다. 예상치 않았던 큰일을 맡게 되어 당황했으나, 능력을 인정하여 주신 것이라고 생각되어 긍정적으로 받아들이고 열심히 한 결과, 오히려 즐겁고 잊지 못할 추억을 남기게 되었다.

(2021. 11. 17.)

3

가을
– 익어감

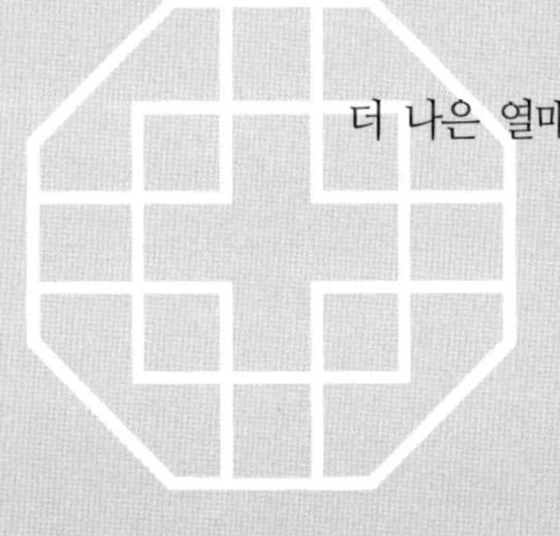

더 나은 열매를 희망하며 나는 오늘도 익어가고 있다.

아! 깜빡했네

남양주를 지나 포천에 도착할 즈음이었다. 아침을 먹기 위해 식당에 예약을 하려는 순간 “아! 어떡해. 어쩌면 좋아!” 손이 떨리고 가슴이 조여 오는 것 같았다. 새벽에 집을 나오기 전, 가스 불 위에 올려놓은 토마토 생각이 났다. 불을 끄고 나온다는 것을 깜빡 잊었다. 급한 마음에 핸드폰의 전화번호도 제대로 눌러지지 않는다. 겨우 집에 전화부터 했다. 남편은 받지 않는다. 새벽잠이 깊이 든 모양이다. 머릿속에는 냄비가 벌겋게 되고 토마토가 타며 연기와 불꽃이 천장으로 올라붙는 장면이 연상되었다. 아파트 관리실에 전화를 했다. 24시간 근무로 알고 있는데 받는 사람이 없다. 문득 집 근처에 사는 둘째딸 생각이 나서 전화를 했다. 자다가 받는 목소리로 “엄마, 새벽에 웬일이세요?” 하며 그래도 빨리 받는다. 급한 소리로 “엄마가 가스 불에 토마토를 올려놓고 그냥 나왔어. 빨리 가서 불을 끄렴.” 딸은 깜짝 놀란 듯 “알았어요. 금방 갈게요."하고 전화를 끊었다.

그러나 딸의 집에서 우리 집까지 아무리 가까운 거리라고 하지만, 빨리 서둘러도 30분은 걸릴 것 같았다. 계속 집으로, 관리실로 전화를 하니, 관리실에 전화가 연결되었다. 역시 급한 목소리로 사연을 말했다. 아저씨는 센스 있게 집 앞에 있는 경비초소로 연락해 준다고 했다. "감사합니다. 벨도 누르고 문도 두들기도록 하세요."라고 급하게 말을 했다. 가슴이 두근거리고 입이 바짝 말라서 옆의 일행에게 말도 할 수가 없었다. 차 안에선 몇 분 동안 침묵이 흘렀다.

운동하러 간다고 새벽에 서둘러 나오면서 제일 중요한 것을 잊다니 정말 한심했다. 30분이 좀 넘었을까? 딸한테 전화가 왔다. 집에 도착해 보니 경비아저씨가 문을 두드려 아빠가 나와서 불을 껐다고 했다. 그러니 염려 말고 다녀오라는 안도의 전화다. 냄비는 까맣게 타고 토마토도 까맣게 타서 냄비에 달라붙었다고 했다. 아! 그나마 얼마나 다행한 일인가? 딸이 전한 소식을 듣고도 놀란 가슴이 쉽게 진정되지 않았다. 이른 새벽에 운동약속 한 것을 후회도 하고 반성도 했다. 이런 자세로 필드에 나간들 무슨 운동이 될까.

지금 생각하니 우리 집에 이렇게 큰일 날 뻔한 일들이 두 번 더 있었다. 딸들이 대학 다니고 나도 현직에 있을 때였다. 마침 보리차가 끓기 시작하여 출근하면서 "누가 제일 늦게 나가니? 늦게 나가는 사람이 가스 불을 끄고 가라."고 하니, 대학 다니는 딸이 좀 늦게 간다고 자기가 끄겠다고 말했다.

몇 시간 뒤 출근하던 남편이 인감도장이 필요하여 집으로 다시 돌아오게 되었다. 현관문을 여는 동시에 집안에 연기가 가득하여 깜짝 놀라 주방으로 가니 주전자는 빨갛게 되고 검은 연기가 천장까지 닿아 앞이 보이지 않았다고 했다. 불을 끄고 간다던 딸이 잊어버리고 그냥 가 버린 것이다. 얼마나 아슬아슬한 순간이었는지, 생각하면 지금도 가슴이 두근거린다. 남편이 되돌아오지 않았으면 어찌 되었을까? 아마도 우리집뿐만 아니라 이웃집까지도 화를 면치 못했을 것이다. 타버린 주전자와 보리차를 보면서 대책을 강구했다. 그 결과 보리차 대신 생수를 먹기로 했다. 그래서 오늘날까지 생수를 먹는다. 어른들이나 아이들이나 바쁜 스케줄에 너무나 정신없이 사는 것 같다.

더 오래전의 일이다. 어느 날 수업시간에 요구르트 아주머니한테 전화가 왔다. 요구르트를 주머니에 넣어 걸어 놓으려다가 현관문에 열쇠가 꽂혀 있는 것을 발견했다고 하였다. 그러면서 열쇠를 빼서 경비실에 맡겨 두었다며 찾아가시라고 했다. 얼마나 고마운 일인가. 그 사이에 도둑이 왔더라면 어떻게 되었을까? 이것 역시 아찔한 일이었다. 아주머니에게 정말 고맙다고 인사하며 아주머니가 요구르트를 배달하는 한 계속 끊지 않겠다고 말했다. 나중에 알아보니 대학 다니는 딸이 또 뭐가 바빴는지 나가면서 문을 잠근다는 것이 열쇠를 꽂고 빼지 않은 채 학교에 간 것이었다. 학생이나 어른이나 정신없이 사는 건 마찬가지다.

이런저런 과거의 일을 생각하면서 운동을 마치고 집으로 돌아왔다. 남편에게 한 소리 들을 생각에 다시 걱정이 되었다. 저녁 식사 때 아니나 다를까 남편은 느긋하게 한 말씀을 하신다. "자네가 나를 죽이려고 해도 나는 죽지 않았어. 내가 질식해서 죽었더라면 자네는 과실치사로 조사를 받게 되는데, 부부간의 사이가 좋았는지, 그렇지 않으면 불화가 많았는지, 또 이웃 간에도 어떻게 지냈는지 모두 조사를 받게 돼." 그러면서 웃지도 않고, 농담 반, 진담 반으로 은근히 나를 책망했다.

남편이 별소리를 다 해도 당신을 위해 토마토를 삶아놓고 가려 했다는 변명도 안 했다. 잘못은 내가 한 것이기 때문에 억울한 소리에도, 귀에 거슬리는 말에도 꾹꾹 참으며 가만히 들었다. 내가 여유를 가지고 서두르지만 않았어도 이런 큰 실수는 하지 않았을 것이다. 이렇듯 깜빡 정신으로 애가 타기도 하고 억울한 말도 들으며 때로는 서로 도움을 받기도, 주기도 하면서 살아가는 것이 인생인 것 같다. 생각해보면 좀 더 부지런히 준비하여 느긋하게 살 수도 있는데, 무슨 일이든 코앞에 닥쳐서 하려니 앞뒤 가릴 여유가 없는 것 같다. 그동안 작은 실수는 부지기수지만, 가장 큰일 날 뻔했던 세 건의 일들을 생각하며 다시 한번 경각심을 가져본다.

앞으로 더 노화가 오면 기억력도 흐려지고 행동도 둔해질 것이라 생각하니, 은근히 걱정도 되었다. 그러니 허둥대는 생활은 이쯤에서 끝내야 되지 않을까? 이제 깜빡했다는 변명은 이것이 마지막이라 생각하고 앞으로는 제발 정신 좀 차리고 차분히 살아야겠다. (2012. 6.13.)

바나나를 버스에 놓고 내리다

아침 9시에 동생과 치과에서 만나기로 하여 부지런히 집을 나섰다. 아파트 정문 앞에 있는 24시 편의점에 노란 바나나가 눈에 띄었다. 갑자기 이가 없는 동생 생각이 나서 바나나 한 송이를 사서 장바구니에 넣었다. 그동안 우유, 두유 등, 물 종류만 먹어서 체중이 20Kg 이상 빠졌다고 하여, 바나나라도 우유 넣고 갈아서 먹으면 좋을 것 같다고 생각했다.

버스 정류장에서 144번 버스를 탔다. 사람이 몇 명 타지 않아 자리가 텅텅 비었다. 바나나 한 송이라도 8개가 달려 제법 무거웠다. 바로 내 앞자리가 비어 바나나를 잠시 놓으면서 '이러다가 놓고 내리는 것은 아니겠지?' 속으로 생각하며 한참을 오는 동안 딴생각을 하고 있다가 '미아사거리'라는 멘트를 듣고는 얼른 내렸다. 건널목을 건너오는데 뭔가 허전함을 느꼈다.

'아참, 내 바나나!'

그러나 이미 버스는 떠나고 황당함을 느끼며 5분 정도 걸어서 치과에 도착했다. '어쩜, 속으로 생각했던 대로 되었을까!' 참 한심했다. 그러나 별로 비싸지 않은 바나나라지만 오랫동안 쓰던 장바구니도 그렇고 가만히 있기엔 마음이 편치가 않았다. 144번 버스 종점에 전화를 했다. 버스 회사 직원이 하차한지 몇 분 되었느냐고 물어보더니, "아직 버스가 안 들어 왔으니 도착하면 전화 드리겠습니다."라고 한다. 참 친절하다고 느꼈다. 치과에 먼저 도착한 동생은 임플란트 2개를 심느라고 시간이 좀 걸렸다. 실밥 빼는 날짜를 잡고 나오는데, 한참이 지났어도 버스 회사에서 전화가 오지 않았다. 다시 전화를 했다. 그때서야 이것저것 물어보더니 물건이 있으니 찾아가라고 한다. 전화 주는 걸 깜빡 잊은 모양이다. 마침 동생네 집이 버스회사가 있는 곳과 같은 방향이라 같이 버스를 타고 종점으로 갔다. 분실물로 내 장바구니 하나만 있었다. 직원에게 고맙다고 인사를 하고, 바나나는 동생에게 주고 장바구니만 가지고 왔다. 버스에서 남의 물건 가져가는 사람도 없고, 버스기사도 종점에선 버스 안을 다 돌아보고 분실물이 있으면 사무실에 맡겨 주인을 찾아주는 시스템이 좋았다. '우리도 이젠 선진국답구나!'라고 생각했다. 처음엔 한 번 두고 온 물건이 있겠나 싶어 찾는 것을 포기하려고 했는데, 비싼 물건은 아니지만 다시 내 손에 들어오게 되어 고마웠다.

이처럼 내 몸에서 떨어져 나가면 잊어버리는 것이 한두 가지가 아니다. 집에서도 스마트폰을 금방 쓰고 어디다 놨는지 생각이 안 나, 결국 집전화로 걸어서 찾을 때도 있고, 피트니스 클럽에서 열쇠를 옷장에 넣고 실컷 운동하고 와서 잃어버렸다고 찾을 때도 있다. 예전에는 버스에서 좌석에 앉은 사람은 앞에 서 있는 사람의 물건을 받아주는 때가 있었다. 나도 퇴근하면서 시장 본 것을 앉아있는 사람이 받아준다고 하여 맡겨놓고는 내릴 때 몸만 내린 후 생각나서 발을 동동 굴렀던 때도 있었다. 젊었을 때나 늙었을 때나 일단 내 몸에서 떨어져 나가면 잃어버리는 것은 다반사이니 나이 탓으로 돌리기는 애매하다. 그래서 스마트폰을 목걸이처럼 걸고 다니는 사람들은 이미 유비무환으로 자신을 잘 파악한 것 같다.

나이가 많아지면 신체에 일어나는 변화가 사람마다 다르다. 정신은 초롱초롱하나 몸 상태가 안 좋아 보행이 어려운 사람, 신체는 이상 없이 잘 걷고 건강한 것 같으나 정신이 흐려져 치매라는 병명을 달고 데이케어나 요양원 신세를 지는 사람들을 흔히 보는 요즘 세상이다.

교회에서 91세이신 권사님 세 분과 가까운 사이가 되어 식사도 같이 하고 차도 마시며 이야기를 많이 주고받는다. 한 분은 그 옛날에 서예를 오랫동안 해서 단독 전시회를 세 번이나 가졌고, 지금도 동네에서 후배들을 양성한다니 대단히 훌륭하신 분이다. 다른 한 분은 아들을 잘 길러 가요계의 작사 왕이라 불리는 작사가의 어머니로 매일 수영을 하며 건강관리를 하신다. 또 한 분은 항상 명랑하며 언제나 의상을 예쁘게 입고, 멋있는 모자를 쓰며 자기 몸 관리를 잘하시는 분이다. 그분들 모두 믿음도 깊고 말하는 모습을 보면 세대차도 나지 않게, 세상 돌아가는 이야기 등을 재미있게 하신다. 여러모로 인격을 갖춘 멋쟁이 권사님들이다. 우리들의 롤모델로 삼고 싶다. 유튜브에서 본 어느 강사의 말이 인생의 마지막 코스는 '나눔'과 '배움'이라고 했는데, 그 세 분은 나름대로 자기의 일에 열정을 갖고 이웃을 돌아보며 사는 것 같아 보기 좋았다.

동생의 치과 치료를 같이 다니다 보니 자매관계가 더 돈독해졌다. 유튜브 강의도 듣고, 롤모델로 삼고 싶은 사람들과 이야기도 하면서 남은 인생을 어떻게 살아야 하는지도 알아가는 것 같다. 동생의 치아를 틀니에서 임플란트로 다시 생각하여 결정한 것은 참 잘한 것 같다. 틀니로 살기에는 아직 젊은 나이인데, K 종합병원에서 하라는 대로 했다가 임시 틀니에 적응하느라 동생만 고생시킨 것 같다. 임플란트로 다시 시작하니 동생도 나도 마음이 편안했다. 치료가 끝날 때까지 잘 마무리되기를 바랄 뿐이다. 사랑으로 돌아온 바나나도 동생의 치아 치료와 건강에 일조한 셈이다.

(2023. 6. 7.)

만점입니다

요즘은 운전면허증을 갱신할 때 75세 이상은 치매검사에 통과되어야 한다. 그래야 운전자 교육을 받을 수 있고 새 운전면허증을 발급받는다. 고령자에게 주는 유효기간은 5년에서 3년으로 당겨졌고, 운전자가 지켜야 할 수칙들을 새롭게 상기시켜 안전운전하도록 재교육을 시켜주는 것이다.

이웃에 40세부터 운전하여 베스트 드라이버가 되신 80대 중반의 선배가 사시는데, 운전면허증 갱신으로 치매 검사하러 가신다기에 따라갔다. 주차장이 협소하여 주차할 수가 없어서 주위를 뱅뱅 돌다가 교회 옆에 겨우 주차를 했다. 어려운 자리에 주차를 능숙하게 하는 선배가 부러웠다. 우리가 온 곳은 성북보건소 치매검사센터다. 이왕 온 김에 나도 치매검사를 받기로 했다. 생년월일, 주소, 전화번호, 수술 이력 등 신체적으로 이상 여부를 기록하고 각각 안내하는 방으로 가서 검사 담당자와 마주 앉았다.

제일 먼저 오늘의 년, 월, 일을 물어본다. 시험 보는 느낌이라 정신 차리고 대답했다. 점선에 그려져 있는 삼각형, 사각형과 똑같이 그리기, 물체와 숫자의 차례 정하기, '금수강산'을 거꾸로 말하기 등을 시키고 문장 하나를 읽어 주며 잘 기억하라고 한다. 또 그만할 때까지 과일과 채소 이름을 계속 대라고 했다. 사과, 배, 감…, 등을 말하며 1분 정도 지난 것 같은데 "됐습니다."라고 한다. 숫자와 그림의 규칙적인 나열, 그 외의 문제를 계속 내더니 아까 읽어 준 문장을 그대로 말하라고 한다. "민수는 자전거를 타고 공원에 가서 11시부터 야구를 했다."라고 제대로 대답했다. 기억력 테스트인 것 같다. 이것저것 10가지 정도 물어보더니, 다 끝났다고 하며 "너무 잘하십니다. 만점입니다."라고 한다. 몇 점이 만점인지는 몰라도, 이름 쓰고 사인 하고 나왔다. 좀 긴장은 했으나 별문제 되는 것은 없었다. 담당자는 일 년에 한 번 치매검사를 꼭 받으시라고 당부한다.

친하게 지내던 동창이 있다. 그는 남편의 병간호를 위해 30여 년의 교직생활을 끝내고 명예퇴직을 했다. 남편도 교장으로 근무하던 중 위암수술, 심장수술 등 여섯 가지를 수술하면서 몸이 쇠약하여 명예퇴직을 했다. 친구는 그러한 남편을 간병하면서 가끔씩 하소연을 한다. 남편 목욕시키는 것이 너무 힘들고, 또 밤에는 화장실 출입이 잦아서 통 잠을 못 잔다고 한다. 몇 년을 동창회에도 못 나오더니, 어느 동창회 날 친구들이 보고 싶다며 딸에게 남편을 맡기고 나왔다는데, 몸이 많이 야위었다. 165cm 키에 38kg의 몸무게라니 가엾다 못해 불쌍하게 보였다.

그렇게 10여 년을 보내더니 남편이 하늘나라로 갔다. 그 후에는 남편이 불쌍하고 보고 싶다는 전화를 자주한다. 어느 날은 잠을 못 자서 정신이 좀 이상하다고 S대병원에 가서 치매검사를 받았단다. 의사는 친구들하고 즐겁게 지내며 숲속 길을 매일 걸으라고 하면서 약을 처방해주어 먹는다고 한다. 한동안 잠잠하더니, 얼마 후에 전화가 왔는데 같은 말만 계속하고 대화가 안 된다. 잘 듣지도 못한다.

답답해서 그의 아들과 통화를 했다. 아들은 어머니가 치매 판정을 받았다고 한다. '남편 간병하느라 고생고생하더니 결국 치매가 왔구나!' 생각하니, 친구가 너무 안됐다. 친구도 안됐지만, 그 아들도 어머니보다 자기가 먼저 죽겠다는 말을 한다. 어머니 옆에서 얼마나 힘들었으면 그렇게 말할까? 그 후, 아들은 경기도에 사는 여동생에게 어머니를 보냈다. 딸은 어머니가 산책하고 돌아오면서 집을 찾아오지 못하는 걸 알았다. 그렇다고 하루 종일 집에만 있게 하면 얼마나 답답하실까 생각하다가 어머니를 낮에 노인들을 돌봐주는 데이케어센터에 보내게 되었다. 아침 8시 30분에 모셔 가고 오후 6시에 데려다주신다.

어느 날 밤에 딸이 전화를 바꿔주어 친구와 이야기를 많이 했다. 데이케어센터에서는 어떻게 지내느냐고 이것저것 물으니, 노래하기, 종이접기, 그림 그리기도 하며 아주 재미있다고 한다. 식사는 식판에 밥과 멀건 국, 반찬 3가지를 주는데, 이젠 늙어서

밥을 많이 먹지 못하지만 배고프지는 않다고 했다. 기억은 많이 잃었어도 묻는 말에 대답은 잘한다. 부지런하고 정직하며 마음씨도 좋은 친구였는데…, 아들의 말에 의하면 어머니가 먹는 것에는 돈을 너무 아껴서 몸에 좋은 비타민 하나도 사 먹지 못했다고 한다. 아낄 줄만 알았지 자신을 위해 제대로 쓰지 못한 친구가 안타까웠다. 이제는 연금이 통장에 쌓였어도 찾아 쓸 능력이 없으니, 참으로 원통한 일이다. 남의 일 같지가 않았다.

치매는 걸리지 말아야 한다고 누구나 말을 하지만, 치매 걸리는 사람이 따로 있나? TV에서 종종 치매에 대한 교육을 해 준다. 옛날에 노망 또는 망령 들었다고 말하는 게 요즘의 치매란다. 치매에 걸리지 않으려면 친구들도 만나고 취미생활, 규칙적인 운동, 글쓰기 등이 좋으며 낙천적으로 지내라고 한다. 친구는 남편의 간호로 너무 힘들어서 몸의 에너지가 모두 소진된 것 같다. 도우미라도 쓰고 몸을 조금이라도 관리했더라면 적어도 치매는 오지 않았을 것 아닌가! 생각할수록 친구가 가엾고 가슴 아프다.

치매 검사를 무사히 마친 선배는 면허시험장에서 운전자 교육을 두 시간 받고 새 운전면허증을 받았다. 축하의 박수를 보낸다. 선배는 3년 동안은 괜찮다고 했는데, 나는 언제까지 나의 애마를 탈 수 있을까? 1년 후인 2023년에는 나도 운전면허증을 갱신해야 하는데, 그때에도 치매검사 결과에서 "너무 잘하십니다. 만점입니다."라는 말을 들을 수 있을까? 염려가 된다. 그러나 이웃의 선배가 치매검사에 통과하고 당당하게 운전하는 모습을 보면서 희망을 가져본다. 친구가 많을수록 치매에 걸리지 않고 수명도 길다 하니, 친구 모임에도 열심히 나가고 운동과 글쓰기도 하여 치매 예방뿐 아니라 백세 시대에 걸맞은 인생을 기원해본다.

(2022. 11. 30.)

삑삑, 삑

"지하철을 공짜로 타게 해 주어서 고맙지만, 시니어패스를 찍을 때 일반카드와 시니어카드의 소리가 똑같았으면 더 좋았을 거라고 생각합니다."

시니어들의 토크쇼인 TV프로 황금어장에서 어느 할머니가 하는 말을 들으면서 나와 같은 생각을 하는 사람이 또 있구나 하며 오래전에 있었던 일이 생각났다.

2008년 여름 어느 날, 지하철 3호선을 타고 동대 역에서 내려 노인 표를 기계에 대고 통과한 후, 열 발자국쯤 걸어갔을 때다. 갑자기 전경 옷을 입은 경찰관이 거수경례를 하며 "단속 기간입니다. 주민등록증을 보여 주십시오."라고 했다. 조금 놀라긴 했지만 '내가 노인 우대권을 사용할 나이가 아닌 것으로 보였나 보다.' 생각하고, 얼른 보여 주었다. 그 경찰관은 내 신분증을 확인

하더니, 다시 거수경례를 붙이며 “죄송합니다.”라고 한다. 나 또한 “젊게 봐줘서 감사합니다.”로 기분 나쁘지 않게 답변을 했다.

노인 표를 구입할 때도 신분증을 보여 줘야 하고, 또 젊어 보인다고 쫓아와서 신분증을 보여 달라고 하니 보통 성가신 것이 아니다. 서로가 피곤한 일이었다. 그 후 정부에서도 같은 생각이었는지, 무임승차 자격을 65세 이상으로 올렸다. 새로 발급된 무료 탑승카드를 주민 센터에서 받았다. 그 후로는 주민증을 보여 줘야 하는 번거로움이 없어져서 편했다. 교통카드 앞면에는 ‘서울특별시 시니어패스(어르신 교통카드)’라고 형광색으로 써 있다. 뒷면에는 지하철 무임용 교통카드 이용안내가 있는데, 무임으로 탈 수는 있지만 절대로 타인에게 빌려 줄 수는 없고, 위반할 시에는 승차 구간의 운임과 그 운임의 30배의 요금을 벌금으로 내야 하고, 1년간 무임승차카드를 발급받을 수 없다고 되어 있어서 효과가 있을 법도 했다. 혹시라도 젊은 사람에게 빌려줄 가능성을 미연에 방지하는 것이라고 생각하였다.

그래서인지 역마다 감시하고 안내하는 지하철 직원이 서 있다. 교통카드를 대는 순간, 시니어패스는 ‘삑삑’ 일반패스는 ‘삑’ 하고 소리가 다르다. 삑삑은 ‘올드(old)’ 삑은 ‘영(young)’이라고 하는 것처럼 들렸다. 기분이 좀 묘했다. 일반패스와 노인패스가 소리로 구분되어 있다니, 단속을 위해서는 편리하겠지만, 사용하는 사람은 배려하지 않은 것 같다. 늙어가는 것도 서러운데, “너는 노인이야!” 하고 만인에게 꼭 알려줘야 하나? 한편 속상하기도 하고, 좀 부끄럽기도 했다. 늙은 것이 죄는 아니지만, 좀 계면쩍은 게 솔직한 심정이다. 처음엔 좀 창피했지만, 곧 노인들의 교통비를 줄여주는 차원인데 하며 고맙게 생각했다. 친구들은 '지공도사'니, '지공인생'이니 별호를 붙여가며 웃기도 했다. 모두들 알겠지만, 지공도사, 지공인생은 지하철을 공짜로 타는 도사, 인생을 말한다. 그 웃음 속에는 우리가 언제 이렇게 늙었나 하는 아쉬움에 대한 서글픔도 서려 있었다.

예부터 "공짜는 양잿물도 마신다."는 말이 있다. 시니어패스 하나만으로 서울과 수도권 어디에든 갈 수 있으니, 교통비 부담이 없어진 노인들에게 외출이 만만해진 것 같았다. 또 지하철은 시간표대로 운행하니, 약속시간도 지킬 수 있는 편리한 교통수단이다. 이와 같은 지하철이 안 생겼다면 어떡했을까를 생각해 본다. 아마도 건강한 노인들의 나들이도 현재보다는 줄었을 것이고, 옷이 걸리고 때로는 찢기는 등 갖가지 일에 시달려야 하는 만원버스 이용함을 면치 못했을 것이라고 생각하니 아찔하다.

버스는 노인들이 타고 내리기도 어렵지만, 흔들려서 더 위험하다. 버스에도 노인석이 있지만, 웬일인지 지하철만큼 잘 지켜지지 않는다. 또 승용차, 오토바이, 트럭 등으로 길이 막히면 시간이 많이 걸려 난감할 때가 많다. 이러한 버스의 불편함을 해소해주는 지하철이 얼마나 고마운지 모르겠다. 모임이나 동창회가 끝나고 헤어질 때 보면 거의가 지하철을 타러 우르르 몰려간다. 일산, 파주, 분당, 용인 등 먼 거리도 쉽게 갈 수 있고, 같이 동행하는 사람과 긴 시간 동안 소곤소곤 이야기도 나눌 수 있어서 좋다. 더욱이 지하철 안에는 노인석이 준비되어 있어서 노인특권으로 앉을 수가 있다. 그러다보니 공짜 손님이 너무 많아서 지하철 운영에 적자가 난다는 소리가 들린다. 공짜 인생이 되어 처량하다는 마음과 더불어 미안한 생각이 들었다.

어쩌다 아침 출근시간에 지하철을 타 볼 때가 있다. 옛날 만원 버스처럼 콩나물시루다. 그런데 등산 가방을 메고 있는 노인들이 꽤 많이 보였다. 노인들은 출근시간엔 좀 자중하여 외출을 삼가 주는 것이 직장인들을 도와주는 것이 아니겠는가. 오늘날에 와서 지하철의 고마움은 말로 표현할 수 없을 만큼 대단히 크다. “삑삑!”이면 어떻고, “삑!”이면 어떤가! 이런 소리에 신경 썼던 자체가 투정 내지 어리광 같아 오히려 죄송한 마음이다.

사람은 환경에 따라 언제나 변화를 가져오는가 보다. 요즘은 지하철을 탈 때 “삑!” 소리보다는 “삑삑!” 소리가 박자감도 있고, 훨씬 아름답게 들려옴을 어쩌랴! 워낙 수명이 길어져 시니어패스가 폐지될지도 모른다는 얘기도 있었다. “삑삑!”도 좋고 “삑!”도 좋으니 계속해서 그 소리를 들으며 오래 살았으면 좋겠다.

(2016. 12.)

어떻게 해야 할지 모르겠어

언니, 윗니가 거의 다 빠졌어. 미안한데… 치과 가면 도와줄 수 있는지? 그동안 두유나 우유 등 물 같은 것만 먹으니까 20킬로가 내려가서 정신이 없어. 어떻게 해야 할지 모르겠어.

동생으로부터 문자가 왔다. 작년부터 이가 아프다 하여 치과에 가 보라고 하던 참이었다. 그러던 중, 아들만 둘인 동생은 큰아들이 갑자기 결혼하게 되어 차일피일하다가 치과에도 못 갔다. 세 자매가 모이는 어느 날, 중식당에서 탕수육을 먹고 집에 갔는데 치아가 술술 빠졌단다. 친정어머니가 50대에 이가 다 빠져서 틀니를 하셨는데, 아마도 동생은 엄마를 닮은 것 같다. 너무나 엄청난 일에 동생은 치과에 갈 엄두도 못 내고 겁이 난 것이다. 아버지가 하늘나라 가시고, 어머니가 혼자 사시는 게 무섭다고 하셔서 동생네가 들어와 끝까지 모시고 살았다. 아마 부모님이 생존해 계셨다면, 이 지경까지는 오지 않았을 것이다. 언니들이 있어도 부모님 같지는 않다는 걸 느꼈다. "네가 밥 먹을 수 있게 내가 다 해 줄 테니 걱정 말아라."라며 치과에 갈 적마다 보호자로 따라 다닌다. 비용이 얼마가 들어도 어떡해서든 동생의 치아는 꼭 해 주고 싶었다.

동생은 우리 식구들이 52년 가을에 월남한 후, 2년 뒤에 태어났다. 나하고는 열두 살 차이다. 그러니까 우리 남매 중 동생만 남한에서 출생한 것이다. 집안에 아기가 태어나니 너무 예뻤다. 학교 갔다 오면 유모차에 동생을 태우고 동네 한 바퀴를 도는 것이 즐거웠다. 그렇게 동생은 식구들의 사랑을 받으며 자랐다.

세월이 흘러 어느덧 동생이 성인이 되었을 때, 나에게는 이미 오 남매가 태어나 학교에 다니며 정신없이 바쁠 때였다. 친정어머니가 많이 도와주시고, 특히 소풍 갈 때도 따라가셨다. 그 시절엔 1~2학년 때까지는 학부모들이 따라가서 아이들을 보살펴 주었다. 막내아들이 할머니가 오지 말고 이모가 오라고 떼쓰는 바람에 동생이 따라갈 때도 있었다. 다른 아이들은 젊은 엄마가 따라오는데 자기는 늙으신 할머니가 따라오는 것이 싫었던 모양이다. 할머니가 그렇게 잘해 주셨건만 소용이 없었다.

지난 세월을 생각해보면 이모저모로 동생의 도움도 많이 받았고, 고마운 것도 참 많다. 갑자기 도우미가 없을 때라든지, 학부모회 때 나 대신 출석해 선생님 말씀을 듣고 오는 일 등등…. 당연한 것처럼 그때의 고마움은 잊고 살았던 것이다. 이제 동생이 치아가 다 빠져서 식사를 못하니 생명의 위협까지 느끼는 것이다. 남편도 아들도 엄마의 치아를 도와줄 능력이 안 되니까 나에게 문자를 보냈다. 그전부터 치과 비용은 내가 대어 준다고 했지만, 동생은 "아들 결혼 때도 신세를 졌는데…." 하며 말을 못하고 있었던 것이다.

의술이 좋다는 치과에 같이 가서 진찰을 받았다. 의사는 엑스레이를 보고, 치아 상태도 나쁘고 흔들리는 이를 빼야 하는데 심혈관 약을 먹고 있어서 여기서는 위험하고 내과가 있는 대학병원에 가야 된다고 한다. 그러면서 S대학 병원과 K대학 병원에 가도록 진료 의뢰서를 써 주셨다. 동생은 K대학 병원에서 진료를 받겠다고 예약을 하는데, 처음 진료는 상담사와 예약을 하게 되어 있다. 예약 날짜에 맞추어 갔더니, 상담사는 엑스레이를 보면서 내과의사에게 편지를 보냈다. 다행히 내과의사로부터 발치해도 된다는 허락이 떨어졌다.

몇 개 남지 않은 윗니를 빼기 위해 마취주사를 놓는데, 얼마나 아픈지 '아악' 소리를 연거푸 지른다. 의사는 "염증이 너무 심해서 그래요."라고 하는데, 산모의 진통보다 더 심한 것 같아 지켜 볼 수가 없다. 그렇게 치아가 다 망가지도록 치과 한 번 안 갔으니… 동생이 불쌍했다. 치아 6개를 뺐다. 이제 윗니는 하나도 없다. 일주일 후에는 아랫니를 발치 한다고 하여 예약을 잡고 왔다. "집에 가면 뭘 먹니?" 하고 물었다. 이 없으면 잇몸으로 먹는다는데, 동생은 죽도 못 삼킨단다. 쌀을 갈아서 미음을 만들어 물처럼 마신다고 했다. 얼굴도 작아지고 자꾸 춥다고 한다.

돈암시장에 가서 팥 옹심이 2인분을 사서 동생은 팥물만, 나는 옹심이만 담아 가지고 택시 태워 보냈다. 의사의 말은 윗니는 틀니로 하고 아랫니는 양쪽에 임플란트를 두 개 심어 치아를 고정 시킨다고 한다. 일주일마다 보호자로 따라다녀서 의사도 으레 동생 보호자로 알고, 나와 동생 듣는 데서 내 시간에 맞추어 예약을 잡는다. 지난주에 임시 틀니를 끼고 왔는데, 너무 아파서 빼 놓고 있다가 오늘 와서 두 시간이나 걸려 다시 손을 보아 끼고 갔다. 다음 주에 와서 잘 맞으면 그대로 틀니를 맞춘다고 한다. 의사의 솜씨를 의심하는 건 아니지만, 너무 젊어서 경험이 없는 의사가 아닌가 하는 생각이 들었다. 그러고 보니 K대학 치과 의사들은 모두가 젊었다.

'이제 세 자매뿐인데 같이 살아가야지….'

요즘 동생과 일주일마다 만나서 보호자로 다니니, 동생은 나하고 다니는 게 너무 편안하고 좋다고 한다. 우리 큰딸한테 전화로 "내가 그냥 합죽이로 살려고 했는데, 너의 엄마가 이를 해 주니 너무 고맙단다."라고 말했단다. 목소리가 아주 명랑하더라고 딸한테서 전화가 왔다. 그러면서 "이모가 너무 안 됐는데 엄마가 이 해 주는 걸 보니 너무 좋아."라고 한다. 동생이 형편도 옹색한데 몸도 아프고 낙이 없으니 우울증이 온 것 같다. 요즘 나를 만나면서 웃기도 하고 말도 잘한다. 동생은 밤낮을 거꾸로 살며 전화를 해 보면 잘 받지도 않고, 어쩌다 받으면 자다 깬 사람처럼 해롱해롱한다. 치아가 그 모양이니 누구하고 대화하기도 싫고, 병원 이외는 밖에 나가지도 않는 것 같다. 그래서 요즘같이 다니면서 치아 다 고치면 복지관이나 주민 센터에 가서 뭐든지 배우고, 개천이라도 걸으며 운동하라고 강조해서 다짐까지 받았다. 요양보호사 자격증을 소지하여 병원 환자의 간병인으로 가끔 다녔을 때는 활기가 좀 있었으나, 코로나로 그것도 그만두면서 병이 생긴 것 같다.

우리 언니는 동생보고 정신 못 차리고 사는 게, 이남에서 태어났기 때문이라고 했다. 언니가 젊었을 때는 억척같이 사업을 잘하여 돈을 많이 벌었다. 그런데 자기 자식들 외에는 동생도 조카도 별로 신경 쓰지 않는다. 그래도 나보다 잘 사는 언니가 좋았다. 부모님도 안 계시는데 언니가 같은 서울에서 살고 있다는 것만도 퍽 의지가 된다.

치아가 다 빠져서 어떻게 해야 할지 모르겠다고 하던 동생이 나와 치과 치료를 다니며 명랑해지고, 삶의 의욕을 갖는 것 같아 마음이 좋다. 부디 치아가 잘 만들어져 동생의 빠진 살도 채워주고 행복한 여생이 되기 바라는 마음 간절하다. 노후에 취미생활, 건강관리 등에만 정신이 팔려 동생이 이 지경이 되도록 모르고 지났으니 후회막급이다. 젊은 날 바쁠 때 잘 도와준 동생에게 좀 더 관심을 가졌으면 좋았을 텐데…. 이제라도 잘 살피며 살아볼 일이다.

(2023. 4. 26.)

늦깎이 초보운전

매일 운동하고 돌아와야 몸과 마음이 가뿐하고 시원하다. 오늘도 스포츠센터에 가려고 아침부터 나섰다. 앰버서더호텔 앞을 지나 곱게 물든 장충단 공원의 단풍을 보며 남산 2호 터널로 진입하기 위해 천천히 운전하며 남산을 바라보았다. 역시 울긋불긋 화려한 단풍이 눈에 들어왔다. 단풍의 아름다움에 반하여 당장이라도 남산에 오르고 싶은 마음이다. 찻길 옆 인도에는 등산복 차림에 배낭을 멘 내 또래 남짓한 남녀들이 활기차게 걸어간다. 스틱을 짚은 폼이 등산을 가는 모양이다. 아, 나도 등산 하고 싶다! 호수같이 맑은 하늘에 알록달록 예쁜 단풍으로 수놓은 이 가을! 옛날 혈기왕성했을 때, 북한산 진달래 능선을 따라 대동문을 통과하여 백운대로 여러 번 등산을 했었는데…. 젊고 당당했던 그 시절이 추억 속에서 아른거린다.

그러나 오랜 세월을 거쳐 온 오늘날에는 척추협착증이 와서 고생을 한다. 높은 언덕이나 산에 다니는 것은 삼가고 평지만 걸으라는 의사의 조언을 들으니, 앞으로 등산은 물 건너간 것 같아 씁쓸했다. 물속에서 걸으면 더욱 효과적이라고 하여 요즘은 수영장에서 주로 걷고, 줄넘기하듯 뛰기도 한다. 물리치료라 생각하며 물속에서 스쿼트, 발차기 등 심한 동작을 해도 힘들지도 않고 다치지도 않는다. 어떤 분은 근력운동, 유산소 운동을 한다면서 기구 운동을 심하게 하다가 몸을 망가트린 후 결국은 물에 와서 고친다는 말을 듣고, 내 얘기 같아서 심각하게 들었다.

스포츠센터에 갈 때는 전철을 두 번 갈아타며 오르락내리락하려니, 허리에 통증이 와서 힘들었다. 근육을 유지하기 위해선 운동을 해야겠는데, 허리통증으로 다리까지 저려서 전철로 다니기가 고통스러웠다. 생각 끝에 운전을 해서 자동차로 다녀야겠다는 생각이 미치자, 나이가 많아 위험하다고 말리는 아들들이나 친구들의 말을 뒤로하고, 용감하게 운전연수를 마치고 승용차를 샀다. 스포츠센터에 다니는 것을 목표로 연수를 받았기에 스포츠센터 가는 길만 알아서 조심해서 다닌다. 아예 모르는 길은 갈 생각을 안 한다. 이렇게라도 운전해서 운동 갈 수 있다는 게 얼마나 다행인가! 너무나 기쁘고 감사하다.

왜 진작 이런 생각을 못했을까? 지난날을 돌아보면 기사에 의해서 편하게만 다녔던 게 흠이었다. 늦게나마 본인이 하게 되니 마음이 편안하고, 운전하는 재미도 있다. 편안히 앉아서 오고 가고, 극동방송에서 흘러나오는 찬송을 들으며 행복한 시간을 가질 수 있으니 금상첨화다. 나의 이런 모습을 보며 많이 부러워하는 두 명의 친구가 있다.

한 사람은 같은 아파트 친구인데, 그는 삼십 년 이상의 운전 경력을 가지고 있다. 나이가 80이 좀 넘으니 무섭기도 하고, 사주를 보는 지인의 말이 교통사고 난다고 운전하지 말라고 했단다. 그 말을 듣고 더 자신이 없어져 스포츠 회원권도 팔고 차도 팔았다. 차가 있다가 없으니 답답하기도 했는데, 왕초보로 운전하는 나를 보고는 마음이 바뀌어 괜히 팔았다고 후회를 했단다. 자기가 잘못 생각하여 속상하다고 했다. 지인에게 빌려준 돈을 받으면 다시 차를 사겠다고 하며 내가 무척 부럽다고 한다. 아무리 지인인 역학자의 말을 들었지만 좀 생각해 보는 여유를 가져 볼 시간도 없이 차부터 팔았다는 건 너무 경솔했다고 생각한다. 뭐가 그리 급해서 그렇게 후딱 팔아 치웠는지 본인도 후회가 막심하다고 자책을 한다. 그러면서 내 차가 너무 예쁘다고, 돈 준비가 되면 똑같은 차를 사겠다고 하며 부러움에 가득 찼다.

또 한 친구는 초등학교 동료 교사였는데, 1986년 운전면허를 따자마자 곧장 차를 구입하여 삼십 년 넘게 운전을 했으니 아주 익숙해졌을 텐데, 나이가 많아 위험하니 운전을 그만하라는 동네 사람들의 말에 귀가 솔깃하여 차부터 팔았다. 얼떨결에 팔고 나니 금방 아쉽고 답답했다. 2년 전에 남편이 떠나고 몸과 마음이 약해져 자꾸 넘어져서 다리도 골절되고, 얼굴의 광대뼈가 함몰되는 등 입원하여 수술도 받았다. 좀 회복되니 운전도 할 만하다고 생각했는데 이미 차는 팔았고 운전면허증도 반납했으니, 이제 운전은 끝난 것이다. "내가 미쳤나 봐." 하며 제정신이 아니었다고…, 역시 후회가 막심하다고 한탄만 한다. 아직까지 잘하고 다니던 사람이 뭐가 그리 급해서…, 그렇게 차를 팔고 나서는 주차장에 자기 차가 없는 것을 보며 섭섭한 마음을 금치 못했단다. 되돌릴 수도 없고, 기동력이 없으니 불편하기 짝이 없어 자기가 한 일이지만 한심해서 눈물까지 나왔단다. 앞으로 차가 없으니 어떻게 생활할 것인가 천천히 생각해 보겠다고 했다. 그러면서 역시 초보 운전자인 나를 보고 아주 부러워했다.

TV에서 102세의 김형석 박사는 할 일이 있어야 오래 산다고 노 박사 자신의 장수비결을 말했다. 또한, 철이 늦게 들어서 안 늙고 젊어 보인다고 "빨리 철들지 말라"며 여유를 보였다. 나는 철이 덜 들었나? 그래서 이 나이에 겁도 없이 운전을 시작했나? 잠시 그런 생각이 스쳤지만, 하여튼 운동과 취미생활을 겸하면 건강도 지키면서 재미도 있고, 할 일이 있으니 무력하지는 않을 것이다. 천천히 생각하며 우아하게 황혼기를 지내면 좋겠다.

(2021. 11. 24.)

애프터서비스

2005년 8월 말에 서울 안암초등학교에서 정년퇴직을 했다. 처음엔 평일에도 집에 있으니 어색했다.

"지금쯤은 4교시가 끝났겠지? 학교에 있었으면 4시간은 가르쳤을 텐데… 이게 뭐람! 하는 것도 없이 오전이 다갔잖아? 이렇게 놀고먹어도 되는 건가?"

공연히 미안하기까지 했다. 인근 학교로부터 애국가가 들려오면 '애국 조회를 하는구나!' 하며, 마음은 벌써 학교에 가 있다.

그해 8월 31일, 방송조회를 통하여 교직원과 전교생에게 작별인사를 하고, 교실로 왔다. 마지막 담임을 했던 1학년 1반 아이들은 초롱초롱한 눈으로 "선생님, 가지 마세요." 하며 엎드려 우는 아이도 있다.

"여러분들, 공부하는 것 보러 자주 올게요. 아프지 말고 새 선생님과 공부 잘해요."

아이들에게 말하면서, 가슴이 저려 오는 것은 어쩔 수가 없었다. 43년 6개월의 긴 세월을 교단에서 보냈는데, 이제 영영 끝나는 것인가? 아쉬움과 허전함으로 또 가슴이 저려 온다. 아이들에게 '사랑하는 제자들에게'라는 담임교사의 편지글과 1학기에 있었던 소풍 및 여러 가지 체험 학습 등의 사진들을 붙인 앨범을 헤어지는 마지막 선물로 나누어 주며, 한 명씩 안아 주었다.

남편은 정년퇴임을 축하한다며 무엇을 도와줄까 물었다. 40여년 교직에 있으면서 평소에 존경하고 고마웠던 분들에게 식사 대접 한 번 하는 것이 소망이라고 대답했다. 남편은 좋은 생각이라며 쾌히 승낙하면서, 교통이 편한 세종호텔의 세종홀로 예약을 하셨다. 그리고 교장 선생님께 말씀을 드렸더니, 학교에서 퇴임식을 하고 저녁을 하자고 하신다. 8월 말이면 더위가 가시지 않아 선생님들께서 고생하신다고 사양했으나, 교장 선생님께선 퇴임식장을 꾸미라고 교감 선생님께 지시하셨다.

"교장 선생님, 꼭 퇴임식을 해 주신다면 제가 준비한 세종호텔에서 해 주세요. 그러면 선생님들도 고생 안 하고 시원한 곳에서 퇴임식도 하며 저녁도 드실 수 있어요."

"결혼식처럼 말이지요?"

교장 선생님은 웃으시며, 기분 좋게 허락을 하셨다. 호텔에서는 '한혜정 선생님 정년퇴임식'이라고 쓴 플래카드와 얼음 조각까지 준비해 주셔서 훌륭한 퇴임식장의 분위기를 자아냈다. 테이블마다 초대한 귀빈들의 소속을 표시하여 쉽게 자리에 앉으시도록 했다. 사회자의 인사말로 정년퇴임식이 시작되었다. 여러 교장, 교감 선생님들과 동료 선생님들, 동기동창, 특히 「느티나무 되고저」라는 제목으로 나의 노래를 작사 작곡해 주신 김용민 교감 선생님께서 참석해 주셔서 더욱 기뻤다. 교장 선생님의 송공사에 이어 퇴임사를 했다.

"훌륭하신 교장 선생님, 교감 선생님, 동료 선생님들 덕으로 대과 없이 교직을 마치게 되어 감사하고, 앞으로도 교사 정신으로 살아가겠습니다."

후배 선생님의 감상적인 송사를 들으면서, 20년 가까이 어머니 교실을 담당하며 에어로빅으로 북부 종합예술제에 연속으로 출연했던 추억, 93년 TV에서 스승 찾는 프로에 제자인 탤런트 김혜선과의 만남 등, 크고 작은 일들이 번갈아 가며 나타났다가 사라진다. 전 직원이 앞에 나와서 「느티나무 되고저」 노래를 부를 때에는 가슴이 찡하게 울려왔다. 또 제자들의 노래와 리코더 연주를 볼 때에는 다시 한번 보람을 느끼며 가슴이 뿌듯했다. 교육 공무원으로서 받을 수 있는 최고의 훈장 황조근정훈장을 받았다. 퇴임선물로 추억을 담을 수 있는 액자를 나누어 드리고 남편의 인사말을 끝으로 정년퇴임식이 끝났다.

"3년 동안은 애프터서비스를 해 주셔야 됩니다."

교장 선생님의 말씀에 "예, 불러만 주십시오."라고 대답했다. 한 달 후, 교장 선생님으로부터 전화가 왔다. 2년마다 하는 가을 대운동회 때 정리체조로 에어로빅을 해 주십사 하는 부탁의 말씀이다. "불러만 주세요."라고 대답한 죄로 거절을 못하고 흔쾌히 하겠다고 대답했다. 운동회 프로그램 식순이 적힌 초대장이 왔다.

"다 같이 신나게" - 한혜정 선생님

운동회 정리 체조로 구령대에 올라가 경쾌한 곡에 맞추어 에어로빅 시범을 보였다. 모두들 즐거운 표정으로 신나게 따라했다. 내가 정년퇴임을 한 건가? 안 한 건가? 나도 모르겠다.

2006년 2월쯤에 안암초등학교에서 또 연락이 왔다. 운영위원회 지역인사로 참석해 주셨으면 하는 내용이다. 임기는 2년이라고 하셨다. '애프터서비스 3년'이라고 한 말이 떠올라 또 학교에 갔다. 교사, 학부모위원 모두가 출석했다. 6개월 전만 해도 본교 교사였는데, 지역인사라는 명칭이 바뀌어 참석하니 기분이 참 묘했다. 인사와 소개가 끝나고 운영위원장 선거를 했다. 투표 결과, 사전에 약속을 했는지 전원이 내 이름을 썼다. 졸지에 운영위원장이 되었다.

"학교 운영위원이 성원되어 지금부터 제1회 운영위원회를 시작하겠습니다. 땅땅땅."

시작할 때와 끝날 때에는 의사봉을 사용한다. 살다가 별일을 다 하는구나! 2년 동안 운영위원회가 있는 날을 비롯하여 학교의 대소사가 있을 때에는 틀림없이 참석했다. 녹색어머니 발대식에 격려사를 했고, 6학년 졸업식 때는 축사를 했다. 2007년 가을 대운동회 때에도 '정리체조' 담당은 역시 내 몫이었다. 그 외에도 학교의 작은 행사와 선생님들의 사기 진작에도 신경을 쓰게 되었다. 교사에서 운영위원장으로 역할이 바뀌었지만, 바쁜 가운데 보람과 배움도 많았다. 임기 마지막 회식 자리에서 운영위원들과 허심탄회하게 그동안의 있었던 일들을 회고하며 수고하셨다고 서로들 칭찬도 아끼지 않았다. 학교에 자주 오면서 마지막 담임했던 1학년 1반 귀여운 아이들도 보며 "공부하는 것 보러 자주 오겠다."고 했던 약속도 지킬 수가 있었다. 이렇게 나는 교사로서의 학교생활에서 서서히 평범한 일상으로 돌아오고 있었다.

"아듀! 나의 학교~."

(2011. 5.)

다이어트

점심시간에 옆에 있던 친구가 갑자기 내 배를 가리키며 "아유, 큰일이다! 뱃살 좀 빼야겠네." 한다. 그 순간, 부끄럽고 친구의 그 말이 야속하게도 들렸지만, 공감이 가는 걸 어쩌랴! 그렇지 않아도 살이 쪄서 옷이 작아 짜증스러웠다. 운동도 하는데 왜 이리 몸무게가 상승하는지 모르겠다. 예전에 입던 의상들이 맞지 않아서 대충 맞는 옷만 입다 보니 모양이 형편없다. 셋째 딸은 옷, 신발, 가방, 스카프 등을 사다 주며 세련되게 옷을 입으라고 한다. 도우미 아줌마들도 엄마보다는 세련되게 하고 다닌다며 길에서 만나면 아는 체도 하지 말라고 핀잔을 준다. 아무리 딸이지만 심한 말에 충격을 받아 "너도 내 나이가 되어 봐라!" 하며 큰소리치지만, 엄마를 생각해서 하는 딸의 말이 틀린 것만은 아니다. 몸이 불어서 편한 옷만 입게 된다.

그렇다고 이 나이에 옷값으로 출혈한다는 것은 그리 내키지 않았다. 입던 옷이 싫어서 안 입는 것이 아니라 작아서 못 입는 것인데…. 지난날의 옷을 보면 그 시절이 그리워진다. 추억이 담긴 옷마다 특징이 있어 그때의 심정을 느껴보고 싶다. 그러기 위해서 몸을 예전으로 만들어야겠다고 대단한 결심을 했다. 옷을 몸에 맞추는 것이 아니라 몸을 옷에 맞추는 것이다. 꿈도 야무지다고 하겠지만, 한번 노력해 보는 거야 하며 다이어트를 시작했다. 주 4~5일 근육운동, 유산소운동, 사우나로 열심히 땀을 빼고, 저녁식사는 고구마나 단백질 식품 등으로 간단히 해결했다. 5개월의 다이어트로 7kg을 감량하게 되니, 몸과 마음이 한결 가벼워졌다.

요즘은 옛날 옷을 입을 때마다 재미가 쏠쏠하다. 기분도 좋고 다시 젊어지는 느낌이다. 몸의 상태를 측정해보니, 몸무게만 내린 게 아니라 체지방도 많이 빠졌다. 앞으로 3kg만 더 감량하면, 나로서는 다이어트에 성공하는 셈이다. 요즘은 옛날과 달리, 질병이 못 먹어서 생기는 것이 아니라 너무 먹어서 걸린다. 나 역시 살이 잘 찌는 체질이라 입맛대로 먹다 보면 체지방이 늘어나 성인병에 걸리기 쉽다. 꾸준한 운동을 병행해서 비만에서 벗어나 정상적인 몸을 유지하고 관리해야겠다. 체중을 좀 줄이니 이렇게 좋은 것을….

내 몸뿐만 아니라 집 안에서 안 쓰는 물건들도 과감하게 줄여야겠다. 다음에 쓰지…, 다음에 먹지… 하다가 결국 버려지게 된다. 그런데 막상 버릴 것을 추리다 보면, '이건 너무 고가로 산

건데….' 하며 도로 담는다. 그러다 보면 줄어드는 것이 별로 없다. 이렇게 안 쓰는 물건을 쌓아 두고 못 버리는 것은 내면의 욕심 때문인 것을 알았다. 욕심이 많아서 사들이다 보면 자꾸 쌓이는 것이다. 젊었을 때 월부로 사 놓은 시리즈로 된 교양서적, 삼국지, 역사책, 사상계 등의 세로 글로 된 문학전집, 불교서적 등 200권이 넘는 책을 필요로 하는 사람에게 주었다. 너무 시원하다. 법정 스님의 '무소유'에서 불필요한 것을 가지고 있는 것이 얼마나 부담스러운가를 새삼 깨달았다. 고려 말기 나옹선사의 유명한 시에서도 욕심 없이 살라는 교훈을 주었다.

> 청산은 나를 보고 말없이 살라 하고 / 창공은 나를 보고 티없이 살라 하네
> 욕심도 벗어놓고 성냄도 벗어놓고 / 물같이 바람같이 살다 가라 하네

누구나 한 번은 가야만 하는 마지막 길에도 어느 것 하나 쥐고 갈 수 없다는 것을 알면서도, 삶이 영원한 것처럼 잊어버리고 산다. 살아있는 것은 들풀의 꽃과 같아서 영원한 것이 없고 모두 떠나야 하는 시한부인 것을…. 천 년 만 년 살 것처럼 욕심내는 일이 한심한 것 같다.

한곳에서 오래 살다 보니 낡고 오래된 물건도 많이 쌓여 있다. 쓸 만한 것들은 남을 주고, 못 쓸 것들은 재활용품에 내어놓았

다. 집 안도 넓어지고 청소하기에도 좋다. 요즘 나에겐 정리하는 데 시간이 소요된다. 이렇게 버릴 것을 내놓는 것에 재미를 붙이다 보니 절약하는 데에도 관심이 생겼다. 전등도 모두 LED로 바꾸었다. 그 후로 전기요금, 수도요금, 관리비가 놀랄 만큼 줄어들었다. 이렇게 절약 생활을 해도 불편한 것은 하나도 없었다. 관심만 가지면 이렇게 절약할 수 있는 것을….

가끔 6·25 때를 생각해 본다. 얼마나 무섭고 불편했던가를 회상해 보면, 지금의 생활은 지상천국에서 사는 것이다. 감사할 뿐이다. 집 안을 둘러보면 많이 버렸는데도 버릴 것이 아직도 많다. 한 집에서 삼십여 년의 묵은 살림이니 왜 아니겠는가! 필요 없는 것은 내놓고, 절약하기 위해서는 소비를 줄여야 한다. 그러나 자신을 위한 소비는 있어야 한다. 취미생활, 운동, 각종 모임, 영양가 있는 식사 등에 필요한 비용은 진정한 소비라고 생각한다.

충고는 잘못하면 오해를 불러올 수도 있다. 그러나 충고를 해준다는 자체가 이미 우정 내지 사랑을 포함하고 있기에 고마운 것이다. 목숨을 내걸고 왕에게 진언을 하던 충신을 떠올려본다. 큰일이나 작은 일이나 충고는 똑같은 것이 아닐까? 제대로 충고해 준 친구나 바른말 잘하는 딸이 있다는 것이 얼마나 다행인가 싶다. 그렇다. 욕심을 버리고 올바른 소비생활이 상책이다. 때에 따라서는 살림살이 물건들도 필요 없는 살을 빼기 위한 사람들처럼 다이어트가 필요하다.

(2016. 9. 7.)

집주인이 되고 싶다

한 집에서 36년을 살다보니 집 안 곳곳에 짐들이 꽉꽉 들어차 있다. 그것들은 꼭 필요한 것도 아니고 쓰다 남은 것, 선물 받은 것, 자식들이 부모 생각해서 가져온 것 등으로 오래된 묵은 짐들이다.

물질만능주의 사회에서 집에 물자가 풍부하면 그만큼 편리해야 하는데, 오히려 불편한 점이 한두 가지가 아니다. 청소하기도, 물건 찾아 쓰기도, 정리하기도 어렵다. 방들이 많아도, 크고 작은 물건들이 자기 방인 양 버티고 있으니 볼 때마다 치워야지, 버려야지, 속으로만 생각하길 20년은 된 것 같다. 집에 들어가면 이 방 저 방에서 짐들이 "우리는 잘 살고 있으니 그냥 내버려 두세요."라고 약 올리며 비웃는 것 같다. 사람들은 이사를 가야 물건을 줄일 수 있다고 한번 옮겨 보라고 한다. 그렇다고 이사를 간다는 건 언감생심 역부족이다.

강남에 사는 아이들은 집에 올 적마다 강남으로 이사 오라고 한다. 낙후된 아파트에서 살지 말고 강남에 평수 작은 새 아파트로 옮기라고 한다. 아파트값을 알아보니 우리 집을 팔아서는 25평 아파트 전세로도 가기 힘들다. 그래서 결단을 내린 것이 이사 대신 집을 좀 편리하고 깨끗하게 고쳐서 죽을 때까지 살자는 것이다. 이런 나의 결심을 아이들에게 확인시켰다. 우선 겨울바람도 막고 난방비도 줄일 수 있는 유리창 샷시만 바꾸는 기본적인 공사만 하기로 했다.

새시 공사하는 날, 마루와 물건들을 비닐로 보양을 하고 집안 사람들은 모두 다른 곳에 가서 쉬다가 오란다. 기존 유리창을 뜯는데 먼지가 많이 나기 때문에 피난 가라는 말이다. 큰딸이 보고 있다가 이참에 짐을 창고에 맡기고 전체적으로 고치자고 한다. 엄마가 깨끗하고 편리한 집에서 여생을 보내게 하려는 의도이다. 딸의 권유에 귀가 솔깃해졌다. 결국 짐을 빼기로 했다.

이삿짐센터 사람들은 내버릴 것은 밖으로 내놓고 쓸 것만 놔두라고 한다. 그래서 쓰지 않는 철로 된 앵글 7개, 김치냉장고와 냉장고 2대, TV 2대, 식탁 2개, 남편이 쓰던 병원용 침대, 공룡같이 생긴 치료기구, 생활용품 등 정말 많은 물건들을 내보냈다. 아파트 재활용품 자리에는 우리 집에서 나간 물건들로 가득 쌓였다. 한 번도 덮지 않은 솜이불도 모두 내놓으니 좀 서운하기도 했다. 앵글은 주민들이 다 가져가고 잠시 후에 보니 압력솥, 냄비, 도시락, 그릇들도 금방 없어졌다. 내겐 필요 없어도 누군가는 요긴하게 쓸 수 있다고 생각하니 감사하고, 내놓은 그릇들한테도 덜 미안했다. 이삼십 년 같이 살다가 떠나가는 짐들을 보니, 마음은 좀 안되었지만 속은 후련했다. 집이 한결 넓어졌다.

공사하는 동안 큰딸네에서 지내며 공사에 필요한 재료인 마루, 전등, 벽지, 타일 등은 큰딸과 함께 인테리어 실장을 따라 다니며 직접 구입했다. 이왕 하는 거 진작할 걸 하고 조금은 후회도 되었다. 도배를 다 했는데, 오래된 아파트인지라 누수가 되고 있었다. 물이 새는 것을 찾기 위해 벽지를 뜯고, 애매하게도 다른 집도 다섯 집이나 벽을 뚫어 속상했다. 그나마 원인을 찾아서 다행이고, 뚫은 벽의 시멘트가 마르면 관리실에서 모두 원상태로 보완해 주기로 했다. 누수 문제로 한 달가량 걸려서야 집수리가 완성되었고, 마무리로 부분적인 도배와 그림 액자 달기, 집 전화 연결 등 자잘한 일들이 남았다. 2/3 정도 짐들이 나가니 답답하던 실내가 정말 시원하다.

그동안 버리지 못한 것은 아까워서, 소지하고 싶은 욕심이 있어서가 전혀 아니랄 순 없다. 박경리 유고시집의 「버리고 갈 것만 남아서 참 홀가분하다」라는 제목에 많이 공감한다. 그 시를 쓰고 나서 참 행복했을 것 같다. 인생 끝자락에서 정리를 다 했다는 안도감 내지 시원함이었을 것이다. 한국의 대하소설 『토지』의 작가 박경리는 평생을 소설가의 삶 속에서 시도 쓰고 작가로서의 할 일을 다 했다. 마지막까지 유고시를 남김으로 끝마무리를 깔끔하게 하고 떠났으니 그의 인생이야말로 한 편의 대하드

라마다. 이제 그분의 심정을 느끼며, '나도 버리고 갈 것만 남겨 놓자.'고 생각하니 마음의 정리가 되는 듯 조금은 홀가분해진다.

오늘 못 하면 내일 하면 되지…, 오늘 아프면 내일 병원에 가면 되지…, 내일, 내일 하다가 사계절이 지나고, 또 한 해가 가며 세월이 흐른다. 두 달 전에 같이 식사한 친구가 고(故) 아무개로 탄생(?)하는 걸 보며, 인생은 어쩔 수 없이 허무함을 남겨놓고 떠난다는 것을 실감한다. 조지 버나드 쇼의 묘비명 '우물쭈물하다가 내 이럴 줄 알았다'를 생각하며, 나 역시 서성거리다 그리되지 않을까 하는 걱정이 앞선다. 이제 과감하게 필요 없는 짐들을 내보냈다. 오랫동안 쌓인 물건들을 제때 정리하지 못하고 지니고만 있었던 것을 반성했다.

정말 오늘이 마지막이라면 무슨 미련이 있을까? 아직은 삶의 의욕이 있어서 내일을 의식하며 살고 있는 것이다. 그래도 집주인처럼 군림하고 있던 짐들을 쫓아냈으니 이제부터는 내가 진짜 집주인이 된 듯싶다. 그리하여 사는 날까지 정리된 이 집에서 홀가분하게 살 수 있는 희망을 가져본다. 그동안 짐에 치여 피곤하게 살았던 세월이 아깝기는 하지만 앞으로의 세월은 실속 있는 집주인으로 행복을 느끼며 살고 싶다.

(2019. 11. 6.)

그날이 언제 올까

아침부터 부슬부슬 비가 내린다. 짝삼목 모임에서 파주로 나들이 가는 날이다. 짝수 달 셋째 목요일에 모여서 짝삼목이다. 고향이 파주인 동창이 안내를 한다. 북쪽으로 가다가 임진각에서 잠시 내렸다. 추석을 며칠 앞두고 실향민들이 차례 지내는 모습을 보았다. 그들에게 이산가족이 있다면 얼마나 가슴이 아플까! 하루 빨리 통일이 되어야 마음 놓고 만날 수 있을 텐데, 같은 실향민으로서 마음이 언짢았다.

차내에서 그 동창의 어린 시절 이야기를 들었다. 장녀로 태어난 그는 차창 밖으로 보이는 본인의 모교 파주초등학교를 가리켜 주기도 했고, 자기가 살던 집과 지금도 임대를 주고 있다는 작은 이층집도 보여 주었다. 그는 그곳에서 뛰고 놀았단다. 그리고 엄마에게 서울학교로 보내 달라고 떼쓰다가 "네 동생들도 많은데 우리 형편에 어떻게 서울로 유학을 가느냐?"고 하면서 빨랫방망이를 들고 나가라고 야단을 쳤단다. 강물에 빠져 죽는다고 집을 뛰쳐나왔는데 한참 가다가 돌아다보니 아무도 말리러 오는 사람이 없어서 '내가 왜 죽어?' 하며 다시 집으로 돌아갔단다. 이야기를 듣던 우리들은 웃었지만, 그 당시 그 동창은 얼마나 속상했을까? 6·25 직후라 모두가 가난을 면치 못할 때였다.

문산중학교를 졸업한 그는 서울사범학교에 합격하여 가정교사, 과외공부를 하면서 공부를 했단다. 졸업 후 교사 발령을 받고 동생들을 데려다 공부시켰다는 이야기도 했다. 장녀의 몫을 야무지게 한 것 같아 훌륭하다고 생각했다. 또 몇몇 다른 친구들이 자신의 어려웠던 어린 시절과 사범학교에 들어오게 된 동기를 얘기하여 서로가 힘들었던 시절을 공감하며 들었다.

전(前) 회장인 삼목회 반회장은 의학상식에 관한 인쇄물을 나누어 주고 건강강의를 해 준다. 히포클라테스는 "음식물로 고치지 못하는 병은 의사도 고치지 못한다. 병은 자연이 고치고 의사는 조력할 뿐이다."라고 했단다. 건강하게 살려면 세포의 재생력, 면역력, 해독능력을 키워야 하며 건전한 식생활과 올바른 섭생, 좋은 환경이 중요하단다. 삼목회 모임 때마다 건강 강의를 해 주니 고마웠다. 버스는 어느새 식당 앞에 도착했다.

'로빈의 숲'이라는 현판이 걸려있다. 정리가 잘된 넓은 정원에 자리 잡은 근사한 갈빗집이다. 1층은 카페였다. 우리는 2층으로 올라가 두 테이블에 나누어 앉았다. 갈빗집 주인이 안내를 맡은 동창과 중학교 동창이며 사업가로 성공한 사람이라고 한다. 부식도 좋고 갈비가 아주 연하다. 먹다 보니 갈비로 배를 채운 것 같다. 주위 환경이 좋으니 음식 맛도 한결 좋았다. 식사 후 아래층으로 내려와 편안한 의자에 앉아 카푸치노를 마시며 이야기들을 나누었다.

우리들은 잘 먹었다며 갈빗집 사장에게 인사를 한 후, 버스에 올랐다. 사실 오늘 점심은 파주로 안내한 동창이 거금으로 우리에게 대접한 것이다. 고맙기도 하고 미안하기도 했다. 성격이 활달하고 유머가 풍부한 그는 친구들 간에도 스폰서를 많이 한단다. 재력이 있다고 누구나 쉽게 할 수 있는 것은 아니라고 생각한다.

알곡이 익어가는 논밭을 보며 마장호수 출렁다리에 도착했다. 길이가 220미터이며 출렁다리 중간에 유리로 투명하게 설치하여 호수의 고기들이 노는 것도 볼 수 있게 되어 있다. 몸이 좀 흔들려서 약간 어지럽기도 하지만, 그래서 더 스릴 있고 재미있었다. 전체가 19만 8천 제곱미터와 6만 평의 마장호수가 '종합수변관광지'로 되었다고 한다. 호수의 둘레길 산책로를 나무 바닥으로 만들어 운치도 있고 걷기가 좋았다. 이렇게 크고 아름다운 호수를 바라보며 한 바퀴 돌아오니 소화도 되고 힐링도 되었다. 우리나라에서 제일 길다는 출렁다리가 파주 감악산에도 있다는데, 그곳은 경치가 매우 아름다워 관광객이 하루에 1만 명이 넘는다고 했다. 기회를 만들어 감악산 출렁다리도 가 보고 싶다. 파주에 이런 관광지가 있는 줄은 몰랐다.

오늘 동창들에게 고향을 구경시켜 주고 출렁다리 관광과 점심까지 대접해 준 그 친구가 무척 부러웠다. 경기도 파주와 내 고향 황해도 재령은 아주 가까운 거리다. 고향을 눈앞에 두고도 가지 못하는 답답한 마음을 누가 알아줄까? 같이 온 동창들, 아무도 내 심정을 모른다. 통일이 되면 나도 소녀 시절을 보낸 고향 땅 재령에 동창들을 안내하여 관광시켜 주고 맛있는 것도 대접하고 싶다. 그런데 고향에 찾아가도 옛날 고향은 아닐 테니 알아볼 수나 있을까? 반겨줄 사람도 없다. 그러나 모든 것이 변했다 해서 고향이 아닐 수는 없다. 통일만 되면 제일 먼저 달려가 보고 싶은 사람을 찾아볼 것이다. 요즘 남북한의 정상들이 만나서 비핵화와 통일을 고민하고 있으니 통일이 좀 더 가까워진 것 같다.

아침에 부슬부슬 내리던 비도 금세 그치고 춥지도, 덥지도 않은 가을 날씨까지 도와줘 파주 관광을 즐겁게 하고 돌아왔다. 안내를 한 동창을 비롯해 회장, 총무, 동창 모두에게 감사하다. 나도 동창들을 모시고 고향에 가 볼 날이 올까? 희망을 가져본다.

(2018. 9. 30.)

오! 나는 똑똑해

특별한 일이 있는 날 아니면 매일 오전에 스포츠센터로 출근하다시피 간다. 거의 같은 일상이다. 가방에 챙겨야 할 것들을 넣고 집안을 돌아보며 가스, 수도, 소등 등을 점검하고 나간다. 현관문을 나서자 얼굴이 좀 허전하다 싶어서 보면 마스크를 안 쓰고 나와 다시 들어가며 “아유, 바보” 자책하며, 다시 가서 쓰고 나온다.

어떤 날은 스마트폰을 빼놓고 나와 “아유, 병신” 하며 층계를 헐레벌떡 올라가서 가지고 내려온다. 매일 준비물이 같은데 왜 하나를 꼭 빼놓고 나오는지 한심하다. 한번은 G선생님한테 기독교 수필집을 꼭 갖다 준다고 약속을 했다. 전날 책에다 아는 분들의 글을 모두 찾기 쉽게 색지로 붙여서 준비해 놓았다. 그런데 오늘도 아파트 정문까지 내려와서야 생각이 났다. “아유, 밥통, 어쩌나!” 다시 갈까 말까 속에서 울화가 치밀었다. 내가 치매가 왔나? 어제 늦게까지 G선생님과 통화를 했는데, 이렇게 까먹을 수가 있나? 정문에서 집까지는 한참이고 언덕이라 빨리 걷기에는 역부족인 것 같았다. 시간 맞춰 나왔는데 올라갔다 내려오려면 지각할 것 같고, 그러나 자기 글이 실렸는데 못 보면 얼마나 보고 싶을까? 그래서 갖다 드린다고 하니 그렇게 좋아하셨는데…. 변명의 여지가 없다 생각하고 다시 올라가는데, 내 머리가 완전히 바보멍청이가 된 것 같아 더 화가 났다. 약속을 하고 빈손으로 가면 얼마나 실망하실까? 그리고 누가 뭐라고 안 해도 하루 종일 내 속이 편치 못할 것 같았다. 땀을 뻘뻘 흘리며 갔다 왔으나 약속을 지킬 수 있어서 마음이 한결 가벼웠다. 점점 깜빡 정신이 되는 것 같아 은근히 걱정이 된다.

또 한 번은 스포츠센터 수영장에서 쓴 마스크는 수건에 쌓여 나갔는지 없어졌고, 목욕탕에서 나와 옷을 다 입고 마스크를 쓰려고 보니 오늘 새로 쓰고 온 마스크도 없어졌다. 옷장에 걸어놓은 줄 알았는데, 어디다 흘렸는지 참 큰일이다. 가방을 다시 찾아보니 여유로 넣고 다니던 마스크도 그날은 없었다. 어쩌나 하며 당황하고 있었는데, 옆에서 옷을 다 입은 어떤 분이 "마스크가 없어졌나 봐요." 하며, 자기는 여유의 마스크가 많이 있다면서 가방에서 하나를 꺼내 준다. '주차장까지만 가면 될 텐데….' 그런데 주차장에는 주차관리 아저씨들이 여기저기 있어서 마스크 안 쓴 나를 보고 신고라도 하면 어쩌나 이 생각, 저 생각, 별별 궁리를 다하고 있을 때, 마스크를 받게 되니, 이렇게 고마울 데가! 참으로 감사하다며 다음에 만나면 드리겠다고 하니, 괜찮다고 하면서 꼭 필요한 분에게 드리게 되어 자기도 기분이 좋다고 한다. 천사 같은 분이라고 생각했다. 그런데 안경 쓰고 마스크를 쓴 분이라 얼굴이 확실히 기억나지 않아 고민이었다.

여유분 마스크를 항상 가지고 다녔는데, 왜 그날은 한 개도 없었는지…. 며칠 후 그분을 만나게 되어 긴가민가하면서, "저에게 마스크 주신 분이죠?" 했더니, 웃으면서 그렇다고 한다. "그날은 정말 고마웠어요."라며 마스크를 드리니, 자기는 아들이 마스크를 너무 많이 사 와서 친구들 만나면 나누어 주려고 일부러 많이 가지고 다닌다고 안 받는다. 그저 고마웠다고 인사만 했다. 나도 가방에 여유분의 마스크를 준비해서 다니다가 그분처럼 꼭 필요한 사람에게 나눠줘야겠다고 생각했다.

집에서도 금방 스마트폰을 쓰고도 어디 두었는지 몰라 집전화로 걸어서 찾을 때가 여러 번이다. 그럴 때마다 이놈의 머리가 정말 바보 멍텅구리가 됐나 실망할 때가 한두 번이 아니다. 그래서 앞으로는 생각이 안 날 때마다 바보천치, 멍텅구리, 밥통, 미쳤나 하고 구박할 것이 아니라, 나쁘게 말하지 말고 내 머리는 참 착해, 좋아, 천재야, 똑똑해 하며 말을 바꾸기로 했다. 내 뇌에게도 좋은 말로 대해 주기로 했다.

오늘도 스포츠센터에 가면서 물병을 챙기지 않아 돌아올 때 목이 말랐다. 딴 때 같았으면 '에이, 바보'라고 애꿎은 뇌를 또 나무랄 텐데 "오! 나는 똑똑해. 오늘은 잊었지만 다음엔 꼭 챙길 거야.” 하며 돌아왔다. 사람들은 누구나 생각나지 않으면 기억력이 나빠졌다고 하면서 이러다가 치매 오는 거 아냐 걱정하며 스스로 자신을 괴롭힌다. 나이가 많아지면 물건도 잃어버리고 금방 한 일도 기억이 잘 안 나는 건 노화로 오는 자연 현상일 텐데….

요즘 여성이나 남성이나 치매환자가 많다 보니 사람들은 너나 할 것 없이 지난 일을 금방 기억 못하면 지레 겁을 먹고 치매가 아닌가 걱정을 하는 것 같다. 그럴 때마다 정신을 바짝 차려야겠다고 생각하게 된다. 그래서 빨리 기억이 안 나도 마음을 고쳐먹기로 했다. 제일 중요한 생각을 하는 위대한 뇌에게 “오! 나는 똑똑해. 치매는 절대 안 걸려.”라고 말해줄 것이다.

칭찬은 고래도 춤추게 한다는데, 귀중한 뇌에게도 고마운 마음을 갖고 칭찬을 많이 해 줄 셈이다. 그래서 뇌가 기분이 좋아지면 간단한 실수는 면하게 해 주지 않을까 생각하며 뇌에게 아첨 아닌 아양을 떨어보기로 했다. 그러면서 너무나 느슨하지도 말고 적당히 긴장을 하며, 진정으로 나의 뇌에게 자부심을 심어주며 다시 한번 야무지게 칭찬을 해 본다.

“오! 나는 똑똑해! 틀림없는 사람이야. 치매 같은 건 절대 안 걸려.”

(2021. 12. 22.)

꽃잎을 날리며

간밤에 비바람이 몹시도 창을 두드리더니 아침에는 화단의 꽃잎들이 승용차 보닛 위에 꽃동산을 만들어 놓았다. 화려한 꽃잎들이 살랑살랑 봄바람에 맞추어 리듬을 탄다. 세차를 해야 되겠는데 씻어버리기엔 너무 예쁘고 아까워서 오늘까지 그냥 운행하기로 했다. 차가 씽씽 달리니 꽃잎들이 날아와 앞 유리창을 때리고 지나간다. 금방 결혼식을 올린 신랑 신부의 알록달록한 꽃차가 연상되며 옛날 결혼식 때가 떠올랐다.

정이월 쌀쌀하기는 하나 따사로운 햇볕으로 화창한 날씨였다. 신랑 신부가 탈 승용차에 남편은 쑥스러운지 꽃이나 리본 등 아무 장식도 못하게 했다. 결혼식이 끝나고 나와 보니 요란하진 않아도 리본 달린 화사한 꽃이 차 앞면 양쪽에 부착되어 있었다. 아무 말 없이 차를 타고 가던 남편이 차를 세우고 꽃을 떼어내고 갔던 생각이 났다. 지금도 가끔은 보이지만 그 시절에는 꽃으로 화려하게 장식한 신랑 신부의 차들을 많이 볼 수 있었다. 그 차 안의 신랑 신부는 한 쌍의 선남선녀같이 더욱 인물이 돋보여 아름다웠다. 그러나 남편은 차에 꽃을 달고 가는 것이 창피했는지 정말 싫었던 것 같았다. 남편만 괜찮아했으면 부끄러워도 꽃차 한번 타 봤을 텐데….

이런저런 생각으로 달리는데 꽃잎은 계속 내 얼굴로 날아온다. 황홀함마저 느끼며 결혼식 날 못해 본 것을 지금 해 보는 것이 아닌가 할 정도로 기분이 묘해진다. 아마 사람들은 꽃구경 다녀온 차라고 오해할 수도 있겠지만, 사실은 우리 아파트에 지하 주차장이 없어 비바람이 불면 개나리, 벚꽃, 라일락 등의 예쁜 작은 꽃잎들이 그대로 차에 떨어진다. 겨울에는 소복이 내려앉은 이불솜 같은 눈을 머리에 이고 다니는 차들도 볼 수 있었다. 여름의 뙤약볕도, 겨울의 눈보라도 피할 수 없는 승용차들이 참 딱했다.

때로는 속도를 내어 마음껏 달려보고 싶다. 그러나 아직 고속도로도 진입해 보지 못했고 스마트폰의 내비게이션도 보지 못한다. 오로지 아는 길만 다니는 초보 운전자다. 운전을 잘하는 사람이 제일 부러운 요즘이다. 딸들은 당연하게 엄마에게 어디까지 운전하고 오라고 하는데, 못 간다고 하면 "쉬운 길인데?"라며 그것도 못하냐는 듯이 말을 한다. 그렇지만 자신이 없는데 어찌하겠는가!

그래도 거의 매일 다니는 피트니스까지는 조심해서 갈 수 있으니 얼마나 감사하고 다행한 일인가! 나이를 의식하는지 새로운 길에 도전하기는 겁부터 났다. 젊었을 때의 용기는 다 어디로 갔는지, 격세지감을 느낄 뿐이다. 그래도 왕복 한 시간 넘게 운전하며 음악 감상과 뉴스를 듣는 여유로움을 가질 수 있으니 그나마 행복한 일이 아닌가! 앞으로 운전에 익숙해지면 내비도 볼 수 있고 어디든 다 갈 수 있겠지 하는 희망을 가져본다. 차창 밖으로 보이는 가로수는 삭막했던 나목에서 어린 새잎이 나오는가 싶더니, 어느새 싱싱한 활엽수가 되어 팔랑거린다. 이렇듯 변화하는 자연의 풍광을 감상하며 다니는 동안 세월도 소리 없이 쏜살같이 흘러간다.

오늘도 운동을 끝내고 집으로 돌아왔다. 아파트 경비 아저씨가 비질을 하며 "세상에서 제일 못쓸 꽃은 목련이여."라고 혼잣말을 한다. 그러고 보니 하얀 목련꽃이 수시로 떨어져서 볼썽사납게 쓰레기처럼 굴러다니고, 아저씨는 수시로 꽃잎을 쓸고 있다. 경비 아저씨의 입장은 이해가 되지만, 아름다운 목련화가 이런 취급을 받다니…. 봄이 되면 제일 먼저 봄소식을 알리듯, 목련화의 앙상한 가지에 버들강아지처럼 뾰족하게 움이 튼 것을 볼 수 있다. 그리고 며칠 후면 단단한 꽃봉오리가 되어 얼마나 예뻤던가? 또 활짝 피었을 때를 보라! 그 고귀하고 우아함이란 어디에 비할 데가 없지 않는가! 오죽하면 많은 시인들이 목련화를 보고 예찬하는 노랫말들을 그렇게 많이 썼을까? 조용식 작사, 김동진 작곡의 「목련화」를 불러본다. 너무나 아름다운 노랫말이다. 나는 이 구절을 제일 좋아한다.

그대처럼 순결하고 그대처럼 강인하게 오늘도 내일도 영원히 나 아름답게 살아가리 오! 내 사랑, 목련화야 그대 내 사랑 목련화야 오늘도 내일도 영원히 나 아름답게 살아가리라

나무에 피는 연꽃이라 불리는 목련은 꽃말이 '고귀함'이다. 그러나 제아무리 순결하고 강인하다지만 탐스럽고 아름답게 피었다가 마지막 땅에 떨어진 모양은 가엾기도 하여 아까웠다. 축 늘어져 허연 꽃송이가 굴러다니는 것을 보면 섬뜩하기조차 했다. 결국엔 보잘것없는 쓰레기로 끝나니 우아하고 고귀했던 짧은 세월! 허무할 뿐이다. 그러나 목련은 내년 봄을 기약할 수 있는 희망이 있고 기다림이 있다. 새봄을 알려주는 길잡이로 시작하여 우아한 자태로 한때나마 사랑을 듬뿍 받고 지는 목련화의 일생이 부럽기도 하다.

백목련과 자목련이 어우러진 자태는 볼수록 우아하고 화려하다. 그래도 경비 아저씨는 앞으로 목련은 정부에서도 안 심는다고 하며 무심히 떨어지는 목련꽃송이가 꽤나 귀찮고 원망스러운 표정이다. 바람결에 보닛에 날아와 살포시 앉은 꽃잎을 날리며 거리의 수목과 꽃들을 감상하면서 조심스레 드라이브했던 오늘의 추억을 오래도록 간직하고 싶다.

(2021. 4. 14.)

빨간 가방

어떤 것을 좋아하는 취향은 나이가 들어도 변하지 않는가 보다. 스포츠센터로 가기 위해 6호선 전철역으로 걸어가고 있었다. 길가의 양품점에 진열해 놓은 화려한 옷과 예쁜 가방들을 유리창을 통해 보게 되었다. 그중에 유난히 눈에 띄는 것이 있었다. A4 용지 크기만 한 끈 달린 빨간 가방이 나의 발길을 멈추게 했다.

일단 문을 열고 들어가니 50대 정도의 여자가 만사가 귀찮은 듯 의자에 길게 누워 있다가 얼른 일어나며 "어서 오세요! 요새 장사가 너무 안 돼서…."라며 혼잣말처럼 중얼거린다. 빨간 가방을 가리키며 얼마냐고 물었다. 가죽으로 된 수입품이라고 하며 10만 원만 달라고 한다. 가방 속을 보니 가죽이 분명하고 내용물도 넉넉히 들어갈 수 있게 되어 쓰기 편하게 보였다. 정가표가 붙어 있는 것만 주로 사다보니 값을 깎는 습관은 없지만 좀 싸게 해 달라고 했다. 만원만 빼 주겠다고 한다. 수입품이라 하지만 이름 있는 명품도 아니고 보세품 같은데 더 저렴하게 주라고 했다. 자신도 모르게 신기할 정도로 값을 흥정하고 있었다. 주인은 "장사도 안 되는데 본전에 드릴게요."라며 8만 원만 내라고 한다. 워낙 마음에 들어서 그것도 비싸다고 생각했지만, "본전이라고 하니 가슴이 아프네요."라며 그 값을 주고 샀다. 들고 온 작은 가방을 새 가방 속에 넣어 가지고 나오며 모처럼 기분이 상쾌했다.

정말 본전에 주었을까? 세 가지 거짓말이 생각났다. 처녀가 시집 안 간다는 말, 노인이 죽고 싶다는 말, 장사꾼이 남지 않는다는 말이다. 손님이 없어서 의자에 힘없이 누워 있던 모습이 안쓰럽게 보였다. 12시가 좀 넘어서인지 출출하여 운동 가서 먹으려고 근처 떡집에 들러서 절편 두 팩을 샀다. 거짓말이든 아니든, 그 여자에게 한 팩을 주고 싶었다. "비싼 것은 아니지만 떡 드세요." 하니 놀라는 듯 활짝 웃으며 "다음에 지나다가 한번 들르세요, 스카프 하나 드릴게요."라고 한다. 뭘 바라고 준 건 아니고 혼자서 손님 기다리는 무료한 시간에 떡이라도 먹으며 기분 전환하라고 준 것이다. 예쁜 가방 구입한 내가 즐거우니 그 여인도 팔아서 즐거웠으면 하는 마음이다.

옛날을 생각해 보면 어릴 때부터 빨간색을 좋아했던 터라, 처녀 시절에도 외투, 블라우스, 치마, 바지까지도 빨갛게 입었던 기억이 난다. 결혼 후에는 눈에 띄는 컬러보다 점잖게 보이는 감색, 밤색 등의 안정감 있는 의상을 주로 입고 다녔다. 아이 엄마, 교사라는 입장에서 수수한 의상을 선택해서 입었던 것 같다.

어느 날 동료들과 금강 양화점에 가게 되었는데, 빨간 구두가 너무 예뻐서 망설이다가 사 가지고 왔다. 다음날 현관에 있는 빨간 구두를 본 남편은 아니 지금 나이가 몇인데, 또 학교 선생이 점잖지 못하게 빨간 구두를 신느냐고 당장 갖다 버리라고 호되게 야단을 한다. 비싼 신발인데 몰래 신을 수도 없고 하여 검정 구두약을 사다가 붓으로 까맣게 칠하고 햇볕에 말렸다. 마른 후에 보니 빨간색도, 검은색도 아니고 번쩍거려서 도저히 신을 수가 없었다. 화도 나고 속상하여 쓰레기통에 버리며 앞으론 빨간색으로 된 것은 아무것도 사지 않겠다고 단단히 마음 다졌던 기억이 난다.

그 후 십여 년이 지나 화계초등학교에서 근무할 때다. 미아삼거리에 있는 신세계백화점에서 가방을 세일한다고 하여 퇴근 후 동료 몇 명이 몰려갔다. 그때에는 가방을 한쪽 어깨에 메고 다니는 것이 유행이었다. 같이 간 선생님들이 빨간 가방을 하나씩 메고 서로 예쁘다고 하며 모두 빨간 가방을 샀다. 예전에 빨간 구두로 속상해서 스스로 다짐까지 했던 생각은 까맣게 잊고 덜컥 사 가지고 왔다. 자기가 좋아하는 색은 어쩔 수가 없는 모양이다.

집에 오자마자 예전에 야단치던 남편 생각이 났다. 마음이 조마조마했다. 그날 저녁에 아닌 게 아니라 빨간 가방을 본 남편은

"요즘 다방레지도 안 들고 다니는 빨간 가방을 누가 메고 다닌다고…."라며 자기 사무실 경리아가씨나 갖다 주겠다고 한다. 그 말에 더욱 화가 치밀어 올라 "도대체 경리가 몇 살인데? 그리고 빨간색하고는 무슨 원수가 졌어요?" 하고 정색을 하고 따졌다. 남편은 빨간색만 보면 빨갱이가 생각나서 제일 싫은 색이 빨강이라고 한다. 처음엔 어이가 없었지만, 생각해 보니 6·25 때 두 형님이 빨갱이에게 희생되었다는 애기를 들은 적이 있어서 이해를 하게 되었다. 유달리 빨간색을 싫어하는 남편의 성질을 건드리지 않으려고 그 후로는 빨간색 의상과 소지품은 될 수 있는 대로 자제했다. 세월이 흘러 성격도 변하는지 지금은 청색, 녹색도 빨간색만큼이나 좋아졌다.

과거에 빨간 구두와 빨간 가방으로 감정이 상했던 때를 회상하며 운동 끝나고 오면서도 새로 산 가방을 보고 또 본다. 역시 '빨간색 가방이 예쁘구나!' 하며 딸들이 선물로 사다 준 명품가방 못지않게 마음에 들어 잘 샀다고 생각했다. 그 생각과 함께, 남편에겐 좀 미안한 생각이 들었다. 옛날에는 그렇게 싫었던 핀잔의 소리까지도 이제는 그리움의 대상이 되었으니, 빨간 구두와 빨간 가방은 젊은 날의 잊지 못할 추억이 되었다.

(2019. 12. 4.)

4

겨울

– 이별의 여운

만남의 끝에 오는 이별…

어떤 이별은 아름다운 여운을 남긴다.

잊히지 않는 사람들

제기동에서 마장동 가는 길을 지나며, 문득 엄마 생각으로 가슴이 뭉클했다. 제기동에서 살 때, 엄마는 날마다 가깝지도 않은 이 길을 마장동까지 걸어가서 일을 보고 오신다. 여름이면 언제나 회색 주름치마에 상의는 흰색이나 칼라가 있는 블라우스를 입고 다니셨던 모습이 지금도 눈에 선하다. 긴 삶의 여정을 마치고 소천하신 지도 벌써 십 년째 되는 삼월이다. 엄마가 너무 보고 싶다. 제기동 길은 기억에서 아스라이 멀어졌는데, 엄마의 모습은 너무도 생생하여 그리움에 가슴이 미어져 온다.

어머니를 붓끝으로 어떻게 새기리
차라리 천 번 만 번 어머니를 부르리라

설지 장기례

글을 써 준 장기례 선생님과는 숭례초등학교 근무 시절에 아주 가깝게 지냈다. 퇴직 후에도 30여 년을 모임 하며, 같이 여행도 많이 다녀왔다. 그의 붓글씨는 수준 이상이었고, 음식 솜씨도 좋아 옥수수와 팥으로 별미를 만들어 와서 맛있게 먹던 기억이 잊히지 않는다. 정성스런 화장과 의상으로 언제나 아름다운 모습으로 근무했다. 춤 실력이 뛰어나 놀러 가면 인기가 이만저만이 아니다. 모임 땐 언제나 간식을 가져와 식후에 먹는 커피와 어우러져 즐거웠다.

장 선생님의 엄지발가락이 피부암에 걸려 수술을 받으며 고생을 무척 했다. 발가락이 솜방망이처럼 부풀어서 구두도 못 신고 슬리퍼를 끌고 다녀야 했으니, 멋쟁이 성격에 얼마나 속상했을까? 그러나 가발도 쓰며, 그런대로 3년 동안은 괜찮았다.

어느 모임 날, 경리 장부를 건네주면서 맡으란다. 점점 기운도 없고 입맛도 없단다. 우리는 기운 내라고 스테이크를 시켰는데, 맛이 없다며 거의 남겼다. 그것이 장 선생님과의 마지막 식사가 될 줄이야. 얼마 후, 그가 입원 한 요양병원으로 찾아갔다. 머리는 스님처럼 밀었고, 눈은 초점 없이 동그랗게 떴으며, 납작한 몸체로 누워 있다. "장 선생님, 나 누군지 알아요?"라고 말을 시켜도 아무 반응이 없다. 다행인 것은 뇌 속에 아픔을 전하는 신경이 마비되어 고통을 못 느낀단다. 점점 어둠의 그림자가 다가오고 있었다. 인생의 허무함을 또 한 번 느끼며 병원을 나왔다.

며칠 후, 장례식장 빈소에서 그의 영정사진을 보며, 미모도,

재능도, 재물도 무슨 소용이 있으랴! 모두 부질없다고 생각하며 고인의 명복을 빌었다. 부군께 "식사는 어떻게 하세요?"라고 물으니, 아내가 된장찌개, 김치, 간단한 반찬 만드는 법까지 이미 가르쳐 줘서 문제없다고 했다. 역시 장 선생님은 본인의 삶이 다 된 걸 알았기에 남편에게 마지막 선물로 여러 가지를 가르쳐 주고 떠난 것이 아닌가!

"어머니를 붓끝으로 어떻게 새기리."

표구까지 해서 선물로 준 장 선생님의 붓글씨는 우리 가슴에 영원한 사랑의 흔적을 남겨 주었다.

대만으로 여행 갔을 때 룸메이트였던 신현옥 선생님은 체구가 작고 예뻐서 '신데렐라'라고 별명을 붙여줬는데, 그의 아들 결혼식에서 보니, 몸이 너무 부어서 다른 사람 같았다. 몇 달 뒤, 신 선생님의 부음 소식이 왔다. 예전에 같은 아파트에 살 때, 일요일이면 부부가 똑같은 의상을 입고 등산 가는 것을 여러 번 보았는데, 참 행복해 보였다. 그런데 신 선생님 가신 지 일 년도 안 되어 남편이 처녀 장가갔다는 소문을 들으니, '간 사람만 불쌍하구나!'라는 생각이 들었다. 내가 '신데렐라'라고 불렀던 신 선생님도 오래오래 잊히지 않을 것이다.

두 해 선배인 현순자 선생님은 얌전하면서도 유머로 우리를 잘 웃긴다. 동요를 좋아해서 A4 용지에 20여 곡의 가사를 프린

트하여 드렸더니, 큰 글씨로 만들어 다음 모임 때 달라고 했다. 그런데 갑자기 하늘나라 가셨다는 연락이 왔다. 일요일, 눈이 올 것처럼 음산한 날씨였단다. 남편이 등산을 가자고 하니, 몸이 안 좋아 잠을 자겠다고 하여 이불을 덮어 주고 나갔단다. 그 사이 아들이 와서 보니, 이미 숨이 멎어 있었다고 한다. 심장마비였단다. 70세도 안 되어 갔으니, 모두 허망해했다. 남편과 같이 등산을 갔더라면 저승길은 면하지 않았을까 하는 생각이 들었다.

장례식 날, 큰 글씨로 빼서 가지고 간 동요 가사와 국화꽃 한 송이를 영정 앞에 놓고, 뭐가 그리 급해서 한 달도 못 참고 가셨느냐고 하며 명복을 빌었다. 그는 남편에게 아무것도 전수 못하고 갔으니, 남편은 당장 식사가 어려웠을 것이다. 그 후, 남편도 3년을 못 채우고 부인을 따라갔다는 소식을 들었다. 요즘 젊은 남자들은 혼자서도 요리도 잘하고, 잘해 먹고 잘 산다. 나이가 많아지면 홀로서기 훈련이 꼭 필요한 것 같다.

한참 선배인 최병옥 선생님은 유방암이 재발되어서도 20여 년을 버티고 잘 살았다. 어느 날, 최 선생님은 모임 선생님들을 불러 고급 식당에서 식사를 대접하고, 자기 집에서 과일과 차를 마시며 많은 이야기를 나누었다. 아직 얼굴도 곱고 환자 같지 않으나, 본인은 이미 살날을 계산한 것 같았다. 집안은 깨끗이 정리되었고, 옷장을 열어보니 달랑 두 벌만 걸려 있다. 이미 옷 정리는 다 한 것 같았다. 이렇게 모임들마다 불러서 최후의 만찬을 하며, 정신이 있을 때 작별인사도 하고, 한 달이 채 안 되어 소천 하셨다. 한복 차림의 화사한 영정사진을 보니 떠날 준비를 완벽하게 한 것 같았다. 암 환자들은 갑작스런 사고사보다 죽을 준비를 할 수 있는 여유가 있다. 마지막을 잘 정리하고 가신 최 선생님은 평소에도 모범이시더니, 하직할 때에도 좋은 본을 보여주고 가셔서 정말 잊지 못할 것이다.

부부 모임에서 호주, 뉴질랜드로 관광을 가게 되었다. 호주에 임 선생 막내딸이 '맛동산'이라는 상호로 음식점을 냈는데, 인기가 좋아 1, 2, 3호점까지 확장하여 임 선생이 잠시 딸네에 와 있을 때였다. 임 선생과는 쌍문초등학교에서 근무하며, 그의 큰딸을 담임하기도 했었다. 호주에서 만나자고 하여 비행기 도착 시간을 알려주니, 딸과 사위까지 공항에 나와 반갑게 만났다. 임 선생님은 우리와 같이 하루 관광을 하게 되었다. 물개쇼도 보고, 명사십리처럼 긴 골드코스트 해안의 모래사장을 거닐며 마냥 즐거울 때, 남편은 정색을 하고 말했다.

"임 선생님, 저기 한 선생 언니가 옵니다."

"네? 언니요?"

갑자기 언니라는 말에 어리둥절하여 앞을 보니, 매우 뚱뚱한 호주 여인이 걸어오고 있었다. 순간적으로 속았다 싶으면서, 한바탕 폭소가 터졌다. 나보다 더 뚱뚱하니까 언니라고 놀려주려고 한 말이 정말 기발한 유머였다. 지금도 임 선생님을 만나면 그때의 남편 이야기를 하며, 또 한 번 웃는다. 그렇게 행복했던 폭소가 그리움이 되어 잊을 수가 없다.

40여 년이 된 쌍문 모임 선생님들을 고속터미널에 있던 '유황오리집'에서 만났다. 그날도 즐겁게 식사하면서 보니, 저쪽 테이블에 남편도 모임에 왔는지 눈에 띄었다. 남편은 우리 테이블로 와서 반갑다고 인사하며, 모두에게 맥주를 따라 주고 건배사를 했다.

"당신 멋져."

건배 내용은 당당하고, 신바람 나고, 멋지게 살려면 져 주며 살아야 한다는 내용이다. 그렇게 분위기를 띄워 주고 자기 자리로 갔다. 모임 선생님들은 건배사가 좋다고 하면서, 매너 좋은 분이라며 칭찬했다. 그러나 이젠 옛사람이 되었으니, 무슨 말을 하겠는가? 천국에서 주님의 은총 안에 편히 지내기를 바라는 마음이다.

젊었을 땐 모두 패기가 넘치는 인물들이었건만, 무한한 인생이 아니기에 모든 걸 내려놓고 떠나야 하는 "공수래공수거"란 말의 의미를 깨닫게 했다. 세상 살고 가는 동안에 얼마나 많은 일들이 있었을까마는, 생각나는 사람들 중에 특별히 잊히지 않는 사람들이다. 어떻든 사는 동안은 베풀다 갔기에 더욱이 머릿속에서 지워지지 않는다.

내 앞을 지나는 할머니를 보면서, 엄마의 환영이 지나간다.

(2021. 3. 24.)

십 년 세월

십 년이면 강산도 변한다는데, 나 자신은 또 얼마나 변했을까 생각해본다. 십 년이 긴 세월 같지만, 그때의 일들을 생각하면 모두 엊그제 같이 느껴지니 신기할 뿐이다. 사회적 동물이라 칭하는 우리 인간은 달이 가고 해가 갈수록 계속 변해 감을 느낀다. 환경, 건강, 정신, 생각이 때때로 바뀌어 다른 인생으로 살아갈 수도 있다.

주일 날, 교회에서 2대 고(故) 황광은 목사와 3대 고 임옥 목사님의 유지에 따라 어려운 청소년 및 신학대학생을 후원하기 위한 장학 헌금에 대해 말씀하셨다. 순간, 모교 후배들을 위해 장학금을 내주고 떠난 남편의 생각에 가슴이 뭉클했다. 작년 10월 18일 11시 30분, 남편의 모교 경영대학 학술장학재단에서 장학금 수여식을 개최하게 되었음을 알려왔다.

여러 가지로 바쁘신 줄로 알지만 발전기금을 기부하신 분의 명의로 장학금을 수여하오니 꼭 참석하시어 학생들을 격려해주시고 자리를 빛내주시면 감사하겠습니다. 일정을 살펴서 날짜를 정해야 마땅하오나 그렇게 하지 못함을 양해해주시고 다음 주 안으로 참석 여부를 알려주시면 행사 진행에 크게 도움이 되겠습니다. 경영대학에 대한 관심과 지원에 감사드리오며 더욱 건승하시기를 기원합니다.

경영대학장으로부터 온 편지이다. 어쩔 수 없어 답장을 보냈다.

기쁜 소식을 전해주셔서 고맙습니다. 장학금 수여식에서는 학장님께서 대리로 전달해 주시면 좋겠어요. 항상 전남대학교의 무궁한 발전을 기원합니다. 감사합니다.

故 OOO의 아내 한혜정 드림.

직접 오시기 어려우시면 제가 대리로 전달하도록 하겠습니다. 회장님과 사모님의 귀한 뜻을 학생들에게 전하겠습니다. 감사합니다.

OOO 배상.

학장님의 답장에 "학장님, 감사합니다."라고 문자를 보냈다. 그 후에 남편의 후배 교수님으로부터 편지글이 왔다.

사모님, 잘 계시지요?

기쁜 소식입니다. 오늘 4명의 학생이 회장님의 장학금을 받았어요. 저도 선배님처럼 2명에게 장학금을 지급하고 있습니다. 고르지 못한 날씨에 건강하시길 기원합니다.

10월 18일 OOO 배상.

원장님, 안녕하셨어요?

장학금 수여식이 오늘이군요. 지난번 이사장님으로부터 참석해 달라는 연락이 왔으나, 학장님께서 대행해주시라고 부탁드렸어요. 원장님께서도 2명에게 장학금을 주시니 참으로 훌륭하시고 보기 좋습니다. 빛나는 장학금 수여식장이 되었겠어요. 기쁜 소식을 전해 주셔서 고맙습니다. 언제나 건강하시고 행복하시기 바랍니다. 감사합니다.

한혜정 드림.

감사하다는 말로 끝맺으며 오고 간 편지글들을 보면서, 진정 또 다른 감사가 밀고 올라온다. OOO 원장님은 다음 해에는 본인이 모시고 가겠다고 한다. 그러나 10년이 지난 지금에 와서 남편 대신 장학금을 전달하는 것이 의미는 있겠지만, 남편이 가고 없다는 외로움이 다시 살아날 것 같아 '장학금 수여를 누가 한들 남편의 장학금이 어디 가겠나?' 하는 마음도 들고, 옛날처럼 나를 도와주는 기사도 없으니 어려울 것 같아서 사정상 못 간다고 핑계를 대었던 것이다.

올해가 남편이 떠난 지 10년이 되는 해이다. 모든 걸 의지하고 살았던 내가 남편 없이 어떻게 10년이나 살아왔을까? 이가 없으면 잇몸으로 산다는 말이 명언이라도 되는 것 같은 세월이었다. 처음엔 누가 남편 얘기만 해도 눈물이 나고 길을 가다가 비슷한 옷을 입은 사람만 봐도 깜짝 놀라며, 외로움과 슬픔 속에서 견뎌내기에 힘들었다. 겉으로는 나타내지 않으니 친구들은 남의 속도 모르고, 씩씩하게 잘 버티고 산다며 칭찬 비슷하게 말하지만, 그 소리가 하나도 반갑지가 않았다.

그렇게 세월이 가다보니 환경에 적응이 되었는지 원래 성격대로 돌아온 것 같지만, 지금도 어려운 일을 당할 땐, 진심으로 의논 대상이 없어 아쉬웠다. '이럴 때 남편은 어떻게 일을 처리했을까?'를 생각하게 된다. 넉넉했고, 배려심이 많았던 그를 생각하면 답이 나온다. 힘든 가운데에서도 편하게 해결하며 지내온 것 같다. 시가 쪽의 웃어른들도 모두 가시니, 이제 내가 제일 웃어른이 되어 외로워지고 책임감마저 느껴진다. 친가에도 마찬가지로 어른 노릇을 하자니, 버거울 때도 있다. 이럴 때에도 남편이 거뜬히 해결하던 것을 보아왔기에 많이 참고가 되었다. 이제는 나도 고령의 문에 도달했으니, 생각이 많이 바뀌어 가는 것 같다.

유튜브에서 어느 유명한 교수가 대학생들에게 하는 강의를 들은 적이 있다. 아리스토텔레스가 사는 이유는 "행복을 위해서"라고 했단다. 그 행복이란 자기가 하고 싶은 일을 하는 것이라고 했다. 그리고 인생을 30년씩 3번을 맞이하는데, 첫 번째는 부모 밑에서 모든 혜택을 받을 때이고, 두 번째 30년은 자신이 부모

역할을 할 때이며, 세 번째 30년은 자식들 다 둥지 찾아 떠나고 부부만 남을 때라고 한다. 그래서 나의 위치를 생각해보니, 세 번째 30년에서도 60%쯤 지나갔다. 그렇다고 초조하지는 않지만, 얼마 안 남았다는 계산이 나온다. 마지막으로 강사는 세 번째 30년에서는 절대로 돈을 벌기 위해 투자를 하거나 사업을 시작하면 성공은 거의 없고, 있던 재산도 다 없어지고 만회할 기회도 없단다. 가장 좋은 것은 '배움'과 '나눔'이라고 강조했다. 그래서 두 번째 30년에서 자녀들에게 모두 쏟지 말고, 노후를 생각해서 약간의 저축이 필요하다고 강조했다. 배움에는 취미생활로 운동 및 평소에 하고 싶었던 것들을 배우고, 나눔은 나보다 어려운 이웃, 친척들에게도 나눠줌을 말했다. 인생의 끝자락에서 도움되는 강의라고 생각한다.

무한한 인생이 아니니, 누구나 당해야 할 이별의 아픔도 좀 빠르게 겪었을 뿐이다. 요즘 동창들의 현황을 보면, 본인이나 짝들이 떠나가는 소리가 가끔 들려오고 있다. 앞서거니 뒤서거니 할 뿐이다. 순리대로 죄짓지 말고 선하게 살다가 아름답게 마무리하고 싶다. 그러니 10년의 세월도 잠깐이고, 앞으로 10년을 더 산다 해도 그때에도 잠깐이라고 같은 말을 되풀이할 것 같다.

(2023. 5. 24.)

말없이 떠나간 동서

10월 27일 아침 8시쯤에 스마트폰 소리가 요란하게 울렸다. 어제 평생교육원에서 소요산 단풍 구경을 다녀와서 좀 고단했는지 늦잠을 자고 있었다. 전화로 들리는 소리는 작은 집 조카였다. "흑흑" 흐느껴 울며 하는 말이 처음엔 알아들을 수가 없었지만, 서럽게 우는 것으로 보아 무슨 사단이 났구나 하고 예감이 좋지 않았다.

전화 내용은 엄마가 전화를 월요일부터 받지 않는다고 엄마 집에 가 보라는 누나의 연락을 받고 엄마한테 가 봤더니, 엄마가 바닥에서 침대에 손을 얹고 엎드리고 있었단다. 몸을 흔들며 "엄마, 엄마" 불러도 말도 못하고, 이미 돌아가신 상태라고 한다. 경찰이 와서 보더니, 몸이 굳었고 피부가 퍼렇게 변한 것이 3일은 되었다고 했단다. 인천에 사는 딸이 혼자 사는 엄마에게 전화를 했는데, 전화를 안 받아서 '엄마가 전화기를 가방 속에 넣고 다니느라 못 받나? 아니면 복지관에 그림 그리러 가셨나?' 하고 예사로 생각했다고 한다. 두 달 전, 시숙님의 장례식장에서 마주 앉아 얘기하며 점심도 같이 먹었는데, 어떻게 이런 일이…. 말도 안 나오고 가슴만 떨렸다.

나보다 한 살 아래인 동서의 일생을 생각하면 너무 가여웠다. 시동생과 처음 선을 본 후, 남편은 처녀가 너무 약해 보이니 결혼하지 말라고 했다. 그런데 그들은 형님 말을 듣지 않고 만나고 있었고, 결국은 결혼을 했다. 동서는 넉넉지 못한 집에 시집와서 처음엔 우리 집에서 같이 살다가 시골로 내려가서 살기도 했다. 남편이 사원 아파트 하나를 내주어 그곳에서 오래 살았다. 동서는 남매를 출산하고부터 몸이 더 나빠졌고, 갑상선에 이상이 생겨 수술은 안 했으나 평생 약을 먹어야 했다. 성격은 얌전하고 착실하며 손끝이 야무져 무슨 일을 해도 잘한다. 건강하지 못해 병원에 입원도 여러 번 하고, 가끔씩 응급실에도 실려 가는 등 병치레를 많이 했다. 동서의 남편인 시동생은 술을 너무 많이 마시고 동서를 행복하게 해 주지 못했다. 남편은 부모처럼 동생에게 타이르기도 하고, 충고도 하며, 동생이 원하는 가게를 몇 번 차려 주었으나, 얼마 못 가서 문을 닫았다. 마지막엔 형님 회사에 다니면서 안정된 생활을 하나 했는데, 그것도 성격상 맞지 않아서 여의치가 않았다. 그러면서 세월이 많이 흘렀다.

나도 학교 출근으로 바쁜 생활을 해 왔기 때문에 소식만 듣고, 동서에게 신경을 많이 써 주지 못해 미안한 마음뿐이다. 생신,

제사, 결혼 등 집안 행사가 있을 때만 만나 보는 게 전부다. 시동생은 일생을 마칠 때까지 형님 속을 부단히 썩이고 갔다. 생각해 보면, 시골에서 부모를 일찍 여의고 형들은 도시로 나가고, 누구 하나 챙겨주는 사람이 없었던 것이다. 내가 결혼하면서부터 우리와 같이 살다가, 중매쟁이에 의해 결혼했으나, 행복하지 못했다. 동서가 낳은 남매 중 딸은 참하고 능력 있는 신랑을 만나 외손녀도 하나 낳고, 조카도 재택근무를 하며 잘 산다.

아들은 화학과를 나와서 무슨 연구소에 연구원으로 다닌다고 했다. 어느 날, 남편은 조카를 집으로 불렀다. 무슨 연구소에 다니며, 급여는 얼마인지 등등을 물어보더니, 조카가 너무 안 됐다 싶었는지 연구소에 그만 다니고 큰아버지 회사로 오라고 했다. 언뜻 들으니, 급여가 백만 원도 안 된다고 하는 것 같다. 그때가 남편이 많이 아파서 회사도 못 나가고 힘들 때였는데, 아마도 본인이 얼마 못 살 것을 예상하지 않았을까? 오래전 사 놓은 30평의 아파트도 그 조카 명의로 해 주었다. 아비도 없는 그 조카가 제일 가엾었나 보다. 조카가 살 수 있도록 직장과 집을 마련해 주고, 얼마 안 되어 남편은 떠났다.

그 후 동서는 지지고 볶고 힘들게 살면서 많은 세월이 흘러갔다. 몸이 좀 나아져 외손녀를 취학 전까지 키워주었고, 그 후 복지관에 다니면서 취미로 그림 공부도 하고, 믿음이 좋아 교회의 권사로 봉사를 하면서 지내왔다. 가끔 전화를 하면서 운동을 해야 한다고 하면, 거의 날마다 개천가를 걷는다고 한다. 컨디션이 좋은 것 같았다. 아마도 동서의 삶 중에 지금이 제일 행복하게 사는 것 같았다. 작은 체구에 몸은 마르지도 않고 보통이며, 항상 스트레이트 머리를 하고 단정한 옷차림으로 다녀서 나이보다 훨씬 젊어 보인다. 나에게는 깍듯이 형님이라 부르며 예의가 바르다.

어느 날, 내가 다니는 교회의 목사님 설교 말씀에 한참 바쁘고 정신없을 때는 바빠서 큰 사고는 치지 않는다고 하였다. 그러다가 생활이 나아지면 긴장이 풀리고 방심할 때 사고를 낸다고 했다. "초보 운전자가 졸음운전 합니까? 자신만만하고 방심할 때 커피도 마시며 사고가 나지요."라는 말씀을 들으니, 동서 생각이 났다. 고생고생하고 여기까지 왔는데…, 이제부터 행복이 시작인데 하며, 긴장이 풀려 본인의 지병에 방심을 했나? 옛 어른들의 말씀에, 고생을 지지리도 하면서 다 이뤄 놓고, 살 만하면 죽는다는 말을 들었다. 동서는 손녀도 키워 주고, 아들도 결혼시켰으니, 할 일을 다 하고 이젠 살 만하다고 생각했을까? 동서의 마음이 궁금했다. 만일 옆에 사람이 있었다면, 119라도 불러서 죽음은 면했겠지? 혼자서 있다가 다가오는 죽음을 맞이하며 얼마나 외롭고 무서웠을까? 누구라도 오기를 기다리며 안간힘을 썼을까? 생각할수록 가엾기만 했다. 가깝고 괜찮은 병원엔 자리가 없어서 엘리베이터도 없는 SG병원에 예약하여, 그것도 기다려서 오후 1시에 구급차로 들어갔다.

큰딸과 장례식장으로 가면서, "너의 작은엄마는 고독사야…,

너무 안 됐다!"고 하니, 딸은 무슨 고독사이냐고 반박을 한다. "혼자 죽어 3일이나 지났으니 고독사지! 그럼 어떤 게 고독사이냐?"고 옥신각신했다. 딸의 말은 아무 연고자가 없이 홀로 살다가 가는 사람이 고독사라면서, 작은엄마는 아들딸 다 있고, 3일 전까지도 통화가 되었다고 하니 절대 고독사가 아니란 말을 한다. 그럴듯하다고 이해를 했으나, 내가 바라는 것은 앞으론 엄마에게 전화를 자주 하겠다는 한마디의 말인데… 그것도 모르는 딸이 얄미워 끝까지 고독사라고 우겼다.

동서의 죽음을 지켜보지 않은 사람들은 죽음 복이 있다는 둥, 곱게 갔다는 둥 제멋대로 말들을 한다. 내일이 발인이라 나도 예다함 버스를 타고 화장장, 납골당까지 가겠다 하니 조카들이 모두 말린다. "큰어머니 연세에 너무 힘들어요." 하며 적극적으로 말리는 것을 보니, 내가 조카들의 짐이 되는 것 같아 가지 않겠다고 했다. 동서와의 마지막 이별도 제대로 하고, 가족납골당에 있는 남편을 비롯하여 시어른들에게 인사라도 하고 싶은 마음을 아무도 짐작하지 못한 것이다. 28구가 들어가는 납골당 안에는 오늘 동서가 들어가면, 나와 같은 세대의 분들은 모두 짝을 맞추어 자리를 잡는다. 남편만 짝없이 홀로 있을 것이다. 가족납골당에 쓰여진 남편 이름 옆 내 자리만 비어 있다. 이승에서는 내가 짝이 없고, 저승에서는 남편이 짝이 없다. 어쩌면 이제나저제나 내가 오기를 기다릴지도 모른다.

집으로 오기 위해 택시를 탔다. 택시 기사는 궁금한지, "누가 가셨나요?" 하고 묻는다. 그래서 80세 된 동서가 집에서 운명했는데, 장례 치르기 위해 병원으로 왔다고 하니, "별세하신 분이 복을 많이 지었나 봅니다."라고 한다. 살면서 좋은 일을 많이 하면 죽을 때 고통 없이 간다면서, 집에서 돌아가시는 분이 제일 행복하게 가는 것이라고 했다. 병원에서 가면 링거, 산소 호흡기를 꽂고, 목에 구멍을 뚫는 등 자식들을 힘들게 한다고 한다. 기사의 말을 들으며, 집에서 조용히 가는 것도 복이라고 생각했다.

1인 가정이 점점 늘어나니, '고독사' 소식을 뉴스에서 종종 들으며, 나 자신을 돌아보게 된다. 어느 구역인지 잘 생각나지 않지만, 주민 센터에서 연세 높은 분 혼자 사는 1인 가정에 3일에 한 번 전화를 걸어 준다는 말을 들었다. 좋은 방법인 것 같다. 반상회가 다시 열리게 되면, 고독사는 미리 막을 수 있을 텐데….

동서의 장례도 끝났으나, 정말 실감이 나지 않는다. 입관할 때, 엄마의 마지막을 지켜 드리지 못한 뉘우침인지 그렇게 슬프게 통곡하는 조카들을 보며 같이 울었다. 오십을 넘은 조카들이다. 나이든 고아가 되었어도, 엄마가 많이 보고 싶을 것이다. 나는 엄마 가신지 10년이 넘었어도 너무 보고 싶은데…. 시가에서 내가 제일 나이가 많고 어른이라는 것 또한 외롭고 부담도 된다. 다시 외롭게 간 동서의 명복을 빈다. 그래도 '죽음 복'이 있어서 병원 신세도 안 지고, 자식들 걱정 안 시키려고 조용히 갔나 하는 생각으로 머리가 뱅뱅 도는 것 같다.

사랑하는 동서!

아픔 없는 천국에서 영원한 복락을 누리소서!

잘 가시게.

천국에서 다시 만나세!

(2022. 11. 9.)

아름다운 뒷모습

오래전, 중국 관광을 하면서 명 13능을 보게 되었다. 베이징시 역대 명나라 황제와 황후의 능묘군이다. 그리고 지하에 완전히 봉해져 있는 황후들의 보석이 담겨 있는 큰 가마솥 같은 그릇들을 보았다. 그들은 사후에도 황후로서의 권위와 호화를 누리려고 생전에 사용하던 보석과 값진 물건들을 간직했다는 말을 가이드로부터 들었다. 황후로 천세를 누리고자 했던 그들은 죽음이 억울해서 어떻게 눈을 감았을까? 사후 세계에서도 황후로서의 삶을 누리고자 한 것은 대단한 욕심이라고 생각했다.

1984년 S학교에서 만난 선생님들과 모임을 가졌다. 그때의 주임 선생님은 하얀 피부에 얼굴이 곱상했다. 매월 만나면 즐거웠고, 방학 때는 1박 2일 여행도 다녀오며 친목을 다졌다. 어느덧 20여 년의 세월이 흘러 모두 퇴직을 한 때였다. 옛날에 수술한 유방암이 재발되었다는 주임 선생님의 소식을 들었다. 어느 여름

날, 주임 선생님은 자기 집 근처의 맛있는 한식당에 우리를 초대했다. 알고 보니, 건강을 유지할 수 없음을 깨닫고, 정신 있을 때 식사 한번 대접하고 싶었던 것 같다. 점심식사 후, 댁으로 갔다. 거실에서 차와 과일을 먹으며 이야기를 많이 했다. 얼굴 표정이나 말하는 것을 보면 암환자 같지도 않고 말짱하여 평소와 똑같았다. 아픈 모습을 전혀 내색하지 않았으니, 인내심을 가히 짐작할 수 있었다. 물건들을 거의 치웠는지 집안이 휑하다. 안방을 들여다보니, 역시 휑하다. 옷장을 열어보았다. 상의 두 벌만 달랑 걸려 있다. 순간, '마지막을 준비했구나!'라고 생각했다.

금은보석을 소지하여 사후 세계에까지 호화로움을 누리려는 중국 명나라 황후들과는 전혀 딴판의 현상이다. 이 세상 하직하기 전에 친근했던 분들에게 고마움을 마지막 식사로 표현한 것이 아닌가 싶어 가슴이 찡하다. 우리 모임 외에 다른 모임들도 초대하여 식사를 대접했다는 말을 들었다. 그 후 두 주쯤 지나서 부고가 왔다. 연한 연두색의 한복을 입은 영정사진을 보니, 얼마 전에 본 편안한 모습 그대로인데 고인이 되었다는 게 믿어지지가 않았다. 사진 위에 검은 띠가 고인이라고 확인시켜 주는 듯했다. 모든 것을 완벽하게 해놓고 떠난 것 같다. 외동딸 내외가 우리를 맞이하면서, 어머니가 편안하게 눈을 감으셨다는 이야기를 들려주었다. 학교 일하듯이 집안일도 깨끗이 마무리하고 떠난 선배인 주임 선생님이 존경스러웠다.

또 아는 지인은 나이가 많고 병이 깊어 생이 얼마 남지 않음을 알고, 본인의 사후, 장례에 온 친구들에게 대접하려고 인삼주를 준비해 놓았다는 얘기를 들었다. 얼마나 아름다운 이야기인가! 사후에 한 잔의 술이라도 마시면서 쉬고 가라는 마지막 우정을 베푸는 고인의 마음이었을 것이다. 세상을 끝내면서 넉넉함을 보여주는 여유와 배려 정신이 또한 남달라 보였다. 우리는 태어나면서부터 죽음을 향해 달려간다고 하지 않는가? 생의 끝맺음을 어떻게 하고 가느냐에 따라 고인의 평가가 나올 것이다. 물론 생존 때의 남긴 일도 대단한 참고가 되겠지만, 어떻게 끝내느냐가 참 중요한 것 같다. 언제, 어디서, 어떻게 갈지는 누구도 모를 일이지만, 사후에 올 친구들을 생각했다는 것은 흔히 볼 수 없는 광경이었을 것이다.

아무리 백세 시대라지만, 팔십이 넘고 보니, 그동안의 삶이 '참 바쁘고 정신없이 살았구나!'라는 생각이 든다. 지금도 바쁘기는 마찬가지지만, 예전처럼 의무감이 없으니 여유가 있다. 명나라의 황후들, 선배인 주임 선생님, 사후에 찾아줄 친구들을 위해 인삼주를 준비한 지인 등은 우리에게 여러 가지를 생각하게 했고, 교훈을 주었다. 사후, 장례식 때 찾아온 고마운 분들에게 나는 무엇으로 대접할까도 생각해 보는 기회가 되었다. 또 그들은 나를 어떻게 평가할 것인가 생각하니, 착잡해진다. 지금에 와서 특별히 잘해야겠다는 생각보다는 주어진 환경에서 퇴임식 때 말했듯이, '교사 정신으로 살아갈 것이다.'라고 나 자신에게 답을 했다. 이것이 모두를 배려하는 마음이라고 생각한다.

(2023. 6. 14.)

희자야 잘 지내니?

장애인의 애환을 한없이 풀어내는 K양의 글을 보고, 문득 오래전 어린 제자 생각이 나서 가슴이 절절해 왔다. 1학년 입학식으로 바쁘게 돌아가고 있던 S초등학교에서 있었던 일이다.

입학식이 시작되었다. 담임 발표를 할 때, 담임교사는 아이들하고 인사를 하면서 첫 대면을 하게 된다. 학부모들은 아이들 뒤에 서서 바람을 막아 주는 울타리가 돼 주었다. 교가 제창과 재학생들의 축하공연으로 입학식은 끝났다.

그 시절엔 강당이 없어서 운동장 수업을 한 달 정도 했다. 인사 지도, 교통 지도, 건강 지도 등, 학교의 이곳저곳을 구경시켜 주며 학교가 낯설지 않게 적응 교육을 한다. 노래와 율동, 이야기 등으로 아이들에게 공부하는 흥미를 길러준다. 요즘은 학생 수도 적고, 웬만한 행사는 모두 강당에서 해결하니 정말 좋다. 학생이 많던 그 시절엔 오전 오후반으로 나누어 한 교실에서 두 반이 공부한다.

입학식 며칠 후에 교장실로 오라는 전갈이 왔다. 여자 교장 선생님께서는 조심스럽게 6반에 있는 여자아이 한 명을 5반으로 옮겨야겠다고 하며, 이유를 말씀하셨다. 몸이 너무 약하여 담임 교사의 특별지도가 필요하다는 한희자 어린이다. 6반 담임 선생님은 경험이 얼마 없는 것 같아서, 아이를 길러보고 경력이 있어 보이는 5반 선생님 반으로 옮겨달라는 희자 부모로부터의 간절한 부탁이 있었다. 장애를 가진 아이라 생각하고 승낙을 하셨다고 했다. 한 선생님한테는 정말 미안하지만, 어여삐 여겨 받아주기를 바란다고 하셨다. 입학식 때 눈여겨보지 않아서 6반에 그런 아이가 있는지도 몰랐다.

다음날, 희자와 첫 상면을 했다. 하마터면 나도 모르게 소리를 지를 뻔했다. 영락없는 꼬마 할머니다. 또 E.T 같은 인상을 준다. 작은 얼굴에 눈은 튀어나오고, 손발도 아주 작고 왜소하다. 피부는 푸르스름하고, 얼마 안 되는 흰 머리카락은 바람에 날리는 듯했다. 나이는 적령보다 두 살 위인 열 살이란다. 놀라지 않을 수 없었다. 안쓰럽게 생각되어 어쩔 수 없는 숙명이라 생각하고, 좋은 감정으로 받아들였다. 희자 엄마는 예쁜 원피스를 입혀서 희자를 인형처럼 안고 학교에 왔다. 운동장에서 공부할 때는 엄마와 같이 수업을 받는다.

교실에서 제일 앞자리에 좌석을 정해 주고, 짝꿍도 얌전한 여자아이로 해 주었다. 희자는 몸이 약하니 친구들이 도와 줘야 한다고 아이들에게 이해를 시켰다. 제일 문제가 되는 것은 화장실

사용이다. 공립학교에서는 화장실이 재래식이라 화장실에 빠지는 사고도 가끔 생겨, 신문에 보도되기도 하였다. 하물며 희자는 어림도 없다. 그래서 교무실 앞에 있는 교사용 수세식 화장실을 특별히 사용하게 되었다. 처음에 교사용 화장실에 데려가서 속옷을 내려 주는데, 딱딱한 마네킹을 만지는 것 같은 감촉에 잠시 놀랐지만, 너무 가엾었다. 아이들도 모두 희자를 살살 대하고, 양손을 잡아주며 넘어지지 않게 도와준다. 아이들이 참 착하다. 체중이 10kg이라고 하여 안아보니, 정말 가벼웠다. 1학년의 평균 몸무게는 남자는 26.2kg 여자는 24.6kg이다. 하교할 때까지 희자의 안전 지도에 항상 긴장하고 있어야 했다. 줄을 서거나 걸을 때에도 부딪치지 않게 도와줘야 한다.

자기소개를 하는 시간이었다. 이름과 장래의 희망, 꿈을 얘기하는 것이다. 희자가 나와서 발표할 때, 아이들은 신기한 듯, 귀를 쫑긋하고 집중하였다. 새소리 같은 목소리이나, 발음은 분명하다. 희자의 꿈은 선생님이라고 했다. 음악시간에 독창을 하면, 꾀꼬리가 노래하는 것처럼 정말 아름다운 새소리가 난다. 담임선생님이 희자를 특별히 대우하고 도와주니까, 아이들도 놀리지도 않고, 서로 돌봐주려고 한다. 젓가락처럼 가는 손가락으로 그림도 잘 그리고, 글씨도 바르게 잘 쓴다. 힘이 없으니까 연필심이 연한 4B연필로 쓰도록 했다.

희자네 집이 우리 집과 아주 가까웠다. 7살인데 청강생으로 다니던 셋째 딸이 가끔 우리 집에서 희자하고 놀 때가 있다. 어느 날 희자의 백일사진을 보게 되었는데, 너무나 예뻐서 다른 아이 같았다. 보약을 잘못 먹여서 그렇게 되었단다. 남동생이 있는데, 매우 튼튼하다. 동생이 누나의 건강까지 몽땅 가져간 것이 아닌가 하는 생각이 들었다.

교내 경필대회 때, 희자는 최우수상을 받았다. 옆 반 선생님들이 희자의 경필시험지를 보고 놀란다. 어쩜 가느다란 손가락으로… 너무 신기하다고…. 어느 날 퇴근해서 집에 오니 딸아이가 하는 말이 밖에서 놀고 있는데, 사람들이 지나가면서 희자를 자꾸만 쳐다봐서 못 보게 자기가 옷으로 가려주었다고 했다. 어린 마음에도 사람들이 수군대며 이상하게 보는 것이 싫었던 모양이다. 몸이 성치 못한 희자를 보호해 주는 딸의 마음이 기특했다.

세월은 쏜살같이 흘러 어느새 아이들은 2학년으로 진급했다. 별 사고 없이 한 학년을 마치게 됨을 감사하고, 큰 짐을 덜은 것 같았다. 그 후에도 한동안은 희자가 눈에 밟혔다. 2학년 담임은 다행히 희자를 잘 이해하는 여선생님이었다. 전 담임으로서 희자에 대해 여러 가지 말씀을 드렸다. 나는 또다시 1학년 담임을 하게 되어, 희자가 뇌리 속에서 점점 멀어져갔다.

비 오고 천둥 치며 번개가 번쩍거리는 어느 여름날, 희자 담임으로부터 비보가 전해졌다. 희자가 감기가 와서 며칠 결석했는데, 하늘나라로 갔다는 소식이다. 순간 가슴이 철렁 내려앉았다. 지난 1년 동안 어린 새싹을 다루듯 정성들여 왔는데, 어쩌다 그렇게 되었을까? 지난날의 회상이 동영상을 보는 듯 지나갔다. 아기 천사가 되어 내 앞에 와서 "선생님, 슬퍼하지 마셔요." 하는 희자의 목소리가 들리는 듯했다. 고까짓 것 살려고 그렇게 태어났나? 불면 꺼지고 날아갈 것만 같던 희자가 아주 멀리 날아간 것이다. 전 담임이 이렇게 떨리는데, 부모의 가슴은 얼마나 찢어질까? 소리 없이 우는 희자 엄마를 달래며, 같이 울었다. 1학년을 마치고, 2학년 한 학기도 겨우 다닌 것이다.

"희자야, 잘 가라. 다음 생에는 튼튼하게 태어나길 바란다."

마음속으로 작별을 고했다. 1년간 같이 공부하던 그 시절, 희자는 그래도 행복하지 않았을까? 연약하지만 무엇에나 의욕적이고 재미있어하는 희자를 보면서, 부모님도 함께 기쁨을 나누었을 것이다. 짧은 인생을 살고 간 희자는 하나님의 품에 안겨 오히려 아프지도 않고 편히 지낼 거라고 생각되었다. 몇 년 후, 많이 말랐던 희자 엄마도 몸이 좋아져 살이 찌고 건강해졌음을 보았다. 그동안 성치 못한 딸의 뒷바라지에 얼마나 힘이 들었을까? 어차피 인간은 이승에서 잠시 쉬었다 가는 것이라고 했는데, 희자는 정말 잠시 세상의 맛만 보고 간 것 같다.

"희자야, 하늘나라에서 잘 지내고 있겠지?
지난날 너를 지켜보며 선생님도 즐거웠단다.
다음에는 건강한 몸으로 만나서 예전처럼 공부하자꾸나!"

1학년 입학식 때만 돌아오면, 인형처럼 희자를 안고 오던 희자 엄마의 모습이 떠오른다. 지금쯤 어디에서 어떻게 살까?

(2016. 3.)

백구와 메리의 추억

이른 아침부터 전화가 울려왔다. 울먹이는 소리로 "언니, 백구가 갔어!" 하며 말을 흐린다. "뭐?" 그 말을 듣는 순간 나 또한 가슴이 뭉클했다. 백구는 어머니와 같이 살고 있는 동생네가 기르던 개 이름이다. 조카가 두 달 된 강아지를 친구한테 받아왔을 땐 토실토실하고 하얀 털에 새까만 눈이 아주 귀여웠다. 그런데 날이 갈수록 몸집이 커져서 방에서 기르기는 버겁다고 생각했다.

어머니를 뵈러 갈 때면 얼마나 짖어대는지 겁이 나기도 했다. 그런데 마루로 올라와 동생과 얘기하는 것을 보고는 짖는 것을 멈춘다. 참 영리하다. 어머니는 백구를 무척 귀여워하셨다. "백구야~" 부르면 쏜살같이 소파 위로 올라와 어머니 옆에 몸을 기댄다. 동생네는 다 큰 아들만 둘이 있어서, 백구가 이 집에서 귀염을 독차지하며 살고 있다. 백구가 필요한 사료, 물그릇, 장난감, 껌 등 포근한 잠자리까지 마련해 놓았다. 얼마나 훈련을 시켰는지, 배설도 목욕탕에 가서 하고, "앉아! 일어나! 손 줘!" 하면, 척척 한다. 더 웃기는 것은 "벌 서!" 하면, 벽에 가서 앞발을 둘 다 들고 서 있는 것이다. 어머니는 백구의 재롱으로 심심하지가 않다고 하셨다. 놀다가도 "할머니 어디 계셔?" 하면 소파에 앉아 계신 어머니를 향해 고개를 홱 돌려 가리킨다. 출근했던 조카들이 오면, 반가워서 펄쩍펄쩍 뛰며, 꼬리를 흔들고 끙끙댄다. 조카가 밤이 되도록 들어오지 않으면, 현관 앞에서 지키고 있다고 한다. 조카가 자기 보호자라는 것을 아는 모양이다. 잠잘 때는 어머니 침대에 올라가 발밑에서 잔다고 했다. 백구는 어머니가 좋았나 보다.

어머니가 119에 실려 병원으로 가신 후, 돌아오시지 못했다. 동생이 백구에게 "할머니 어디 계셔?" 하면 빈 소파로 뛰어올라가 왈왈거리며 짖는다고 했다. 백구도 어머니가 보고 싶었나 보다. 기일에 식구들이 모였다. 조카들과 우리 아이들이니, 내가 제일 윗사람이다. 그런데 신기한 것은 동생이 "할머니 어디 계셔?" 하면, 나를 쳐다보는 것이다. 몇 번을 말해도 나를 가리킨다. 내가 어머니를 닮아서인지, 제일 늙어서인지, 신기했다. 이제는 내가 와도 꼬리를 흔들며 반가워한다. 정이 안 갈 수가 없다. 가진 재롱을 다 떠는 백구로 인해 웃음꽃이 피고, 식구들에게 엔도르핀이 솟아나게 한다.

아주 오래전, 단독주택에 살 때, 여러 종류의 개를 길렀다. 단독에 살 땐 으레 대문 옆 개장에 항상 개가 있었다. 어떤 날 새벽에 개가 하도 짖어서 남편이 거실에 환히 불을 켜고 신문을 보며 있었기에 도둑을 쫓을 수가 있었다. 아침에 발견한 것인데, 도둑들은 미리 옥상에 올라가 전화선도 끊고, 주인이 잠들기를 기다리고 있다가 개가 계속 짖는 바람에 그냥 가 버린 것이다. 똑똑한 '개님'께선 대문 옆에서 자리만 지키는 것이 아니라 단단히 한몫을 한 셈이다.

그 후 터가 넓은 국민주택에 살 때 있었던 일이다. 역시 대문 옆에는 개장이 있다. 개장 주인은 발발이 암컷이고, 이름은 메리였다. 어느 해인가 2월의 쌀쌀한 날, 몸집도 크지 않은 메리가 5마리의 새끼를 낳았다. 담요도 깔아 주고 비닐과 가마니로 바람이 들어오지 않게 손보아 주었다. 새끼들이 어미를 닮아서 흰색과 까만색이 조화되어 아주 귀여웠다. 어미젖을 빠는 새끼들 중 한 마리가 항문에 빨간 살이 나와서 불편해 보였다. 옆에서 보던 사람들이 추워서 그런다고 따뜻한 방에 있으면 괜찮을 거라고 하여 그 새끼를 안고 방으로 들어왔다. 조금 후, 어미가 방을 향해 마구 짖어대며 펄쩍펄쩍 뛰어오른다. 그 새끼는 따뜻하니까 빨갛게 나온 살이 들어가서 안 보였다.

다음 날, 청소하기 위해 창문을 잠깐 연 사이에 어미 메리가 낮은 담을 잽싸게 넘어와 새끼를 물고 제집으로 데려다 놓았다. 순식간에 벌어진 어미의 행동에 모두 놀랐다. 어미에게 끌려 제집으로 간 새끼는 다시 빨갛게 도졌다. 말이 통하지 않으니 설명

해 줄 수도 없고, 답답했다. 다른 강아지들은 건강한데 그것만 비실비실하여 불쌍했다. 며칠 후 개장을 살펴보니, 그 강아지가 누워서 꼼짝도 안 한다. 죽은 것이다. 1, 2학년 아들들이 슬퍼하며 죽은 강아지를 꽃밭에 묻어 주고, 「여기 강아지 잠들다」라고 종이에 써서 나뭇가지에 붙여 세워 놓았다. 다음 날 꽃밭에 나가 보니, 강아지 무덤이 파헤쳐지고, 죽은 강아지가 없어졌다. 혹시나 해서 개장을 들여다보니, 그곳에 있었다. 어미는 죽었어도 제 새끼를 자기 옆에 두어야 마음이 놓이는가 보다. 눈물겨운 장면이었다. 짐승이지만 모성애가 이렇게 대단할까? 겨우 꺼내 두 아들과 아빠가 산에 가서 묻어주고 왔다.

몇 달 후, 강아지들은 한 마리만 남겨 놓고 모두 분양했다. 집 안에서는 가끔 목줄을 풀어준다. 어느 날, 메리가 눈을 크게 뜨고 정원을 몇 바퀴 돌다가 부엌 구석에 머리를 박고 꼼짝도 안 한다. 틀림없이 이상이 생겼다 싶어 메리를 안고 가축병원으로 갔다. 수의사는 쥐약으로 놓은 음식을 먹은 것 같다고 주사를 놓았으나, 메리는 점점 의식을 잃어가고 말았다. 막내아들은 메리를 안고 울면서 돌아왔다. 나도 가슴이 저려왔다. 요즘 뉴스에서 발표되는 사례를 보면서, 사람 못된 것은 짐승만도 못하다는 소리가 저절로 나온다. 짐승도 제 새끼를 거두고 모성애를 발휘하는데, 인간이 어찌 폭력으로 자식을 학대하는가!

동생네 백구는 방에서 재롱만 부리고 사랑만 받다가 갔고, 우리 발발이 메리는 집도 지키고 새끼를 낳아 모성애를 보여주어 사람들에게 감동을 주고 갔다. 개의 일생도 어떤 주인을 만나느냐에 따라 완연히 달라지는 것처럼, 사람도 어떤 짝을 만나느냐에 따라 행, 불행이 결정되는 것 같다.

동생은 이젠 절대로 개를 키우지 않겠다며 백구가 보고 싶다고 한다. 10년이란 세월을 실내에서 키웠으니, 그 기른 정이 얼마나 깊었으며, 백구의 재롱이 얼마나 아른거렸을까? "개도 수명이 있는데 어떡하니?" 하며 위로했다. 사람으로 보면 70살인 셈이다. 보통 15년은 산다는데, 백구는 운동이 부족해서 좀 일찍 갔는지도 모르겠다. 동생은 며칠 동안 백구가 생각나서 눈물이 난다고 한다. 지난날 내가 기르던 메리의 죽음도, 근래에 간 백구도 생각나서 마음이 울적했다.

백구와 메리의 이별도 이렇게 마음 아픈데, 하물며 인간으로서 부모님을 여의고 또 어쩌다 자식을 앞세우고, 그리고 일생을 함께한 반려자와 사별했을 때의 슬픔이란 어찌 말로 다 할 수 있을까! 메리가 죽은 새끼를 제 곁에 갖다 놓는 어미의 모성애는 우리에게도 뿌듯한 교훈을 안겨주었다.

(2016. 10. 5.)

5

소중한 만남

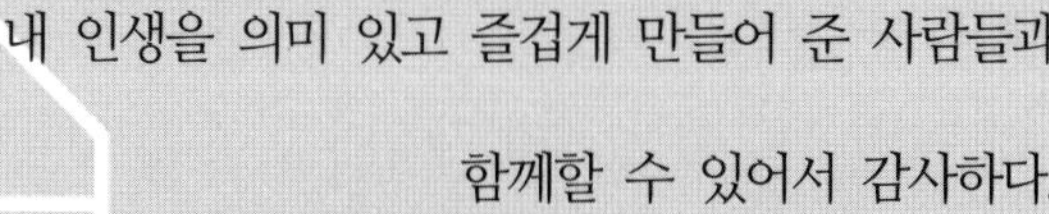

내 인생을 의미 있고 즐겁게 만들어 준 사람들과

함께할 수 있어서 감사하다.

모이면 항상 젊어

'54주년 서울사범학교 14회 동창회'라는 현수막이 붙어 있는 군인공제회관 무궁화 홀에 남자 35명, 여자 45명의 동창이 모였다. 반가워하는 표정들이 밝고 명랑하다. 임원진들은 일찍 와서 등록을 받고 기념품을 주는 등, 서로서로 도와가며 수고를 한다. 54년의 세월이 얼마인데 어디로 다 보냈는지 옛날 표정 그대로다. 웃음으로, 사랑스런 눈빛으로, 하하 호호 악수를 하며 반긴다. 총회가 시작되고, 등산, 테니스, 바둑, 탁구, 골프, 마라톤 등 각 동호인 모임들의 대표가 나와서 활동 상황을 발표했다.

1부 끝으로 힘찬 교가 제창이 울려 퍼졌다.

맑은 아침 햇살과 빛을 다투고
우리는 길렀노라 의로운 힘을
뛰고 넘고 헤치며 싸워나가서

영원한 대한의 기둥이 되리~
아~ 아 우리는 희망의 젊은이
서울사범 사범에 영광 있으라~

교가를 부르는 순간 감격스러움에 눈물이 핑 돌았다. 1부가 끝나고 잠시 후 오찬이 시작되어 조별로 원탁에 앉아 다정하게 담소하며 식사를 즐겼다. 뷔페로 차려 놓은 음식을 가져다 먹고 조용히 후식까지 끝냈다.

2부는 조별 장기자랑이다. 조별로 무대에 나가서 조장이 리더가 되어 장기자랑을 하였다. 7~8명이 한 조가 되어 서로 잘하려고 하는 모습들이 성의 있고 보기 좋았다. 남자팀들은 거의 정장 차림이고 제창으로 무대에 섰다. 찔레꽃, 아침이슬, 목화밭, 과수원길 등 곡목도 다양하다. 여자들은 노래하면서도 율동이 따른다. 의상도 화사하다. 앞치마를 두르고 머리 수건까지 쓰고 '아가씨들아'를 부르는 팀, 색색 가지의 넓은 스카프를 두르고 춤추며 「밀양 아리랑」을 부르는 팀, 양손에 태극기를 흔들며 "태극기가 바람에 펄럭입니다~ 휘날리는 태극기는 우리들의 표상이다~"를 부르는 팀 등 화려하고 아름다웠다.

각 조장들의 아이디어가 참 그럴듯하다. 준비물만 갖추었지 사전에 연습한 팀은 없다. 당일 좀 일찍 와서 회관 코너에서 연습하는 모습들 또한 볼거리다. 대회에 나가기라도 하는 듯, 여기저기서 학창 시절로 돌아온 기분이다. 나는 조장으로서 고민하다가 실버타운에서 봉사하던 「강원도 아리랑」과 「봄 타령」에 맞추어 살살 움직이면서 율동을 했다. 우리 조도 좀 일찍 도착하여 비어 있는 방에서 연습을 했는데, 센스 있는 동창들이라 거의 다 익혔다. 완벽한 것도 좋지만 틀리면서 하는 것도 재미있다. 흥겨운 곡에 맞추어 힘차게 뛰기도 하고 살랑살랑 흔들기도 하니 분위기가 확 살아났다. 흥에 겨워 앞에 나와 춤을 추는 남자 동창도 있다. 열심히 해 준 조원들이 고마웠다. 열한 조의 장기자랑은 모두 끝났다.

원탁을 양쪽으로 미루고 '카드 뒤집기' 게임이 시작되었다. 청군은 청색으로, 백군은 백색으로 뒤집는데, 남자들은 반칙하는 짓궂은 사람도 있다. 몇 장을 모아 발로 밟고 남이 뒤집지 못하게 하는 장면이 눈에 띄어 반칙은 안 된다고 소리쳤으나, 반칙도 애교로 봐주었는지 이미 게임은 끝났다. 그야말로 동심으로 돌아가 하하 웃으며 일사불란하게 마쳤다.

각조의 상품들이 배부되었다. 우리 조는 '단합상'이다. 작은 접이식 과도인데, 아주 좋은 것이라고 모두 기분 좋아했다. 화기애애하게 계획한 대로 프로그램이 진행되었다. 일단 1부 2부가 모두 끝나고 헤어질 시간이 가까웠다. 우리는 손에 손을 잡고 둥글게 돌며 이별 노래를 불렀다.

> 날이 밝으면 멀리 떠날 사랑하는 벗과 함께…. 서편에 달이 호숫가에 질 때에…. 친구 내 친구 어이 이별할 거나 친구 내 친구

잊지 마시오~.

친구들의 눈에는 헤어지는 아쉬움의 빛이 역력하게 보였다. 마지막으로 54주년을 기념하기 위해 단체사진을 찍고 다가오는 2017년 동창회 행사 안내가 있었다. 봄나들이: 5월 17일(수) 단양팔경, 가을 나들이: 10월 18일(수) 홍천 수타사, 총회는 12월 1일(금) 12시 군인공제회관에서 한다는 세세한 안내였다.

오늘의 동창모임은 우리 친구들만이 할 수 있는 장기를 가지고 부담 없이 실력을 발휘하며 즐거웠던 시간이었다. 70대 중반으로 세월이 거꾸로 가는 듯 모두 젊음이 넘친다. 몸이 아파서 참석을 못하는 친구, 또 먼저 하늘나라로 간 친구들도 있지만 여기 나온 80명의 동창들은 아주 건강하다. 헤어짐을 못내 아쉬워하며 보고 싶을 때마다 소식을 전하기로 하고, 자주 만나자는 말을 한다. 우리 친구들, 이대로 아프지 말고 활기차게 지내기를 바라는 마음이다. 내년 총회 때에도 꼭 참석할 수 있기를 희망하며 "사랑하는 벗들이여! 안녕히 가세요."라는 말을 남기며 막을 내렸다.

역시 동창회는 졸업 반세기를 넘은 우리 친구들에게 활력을 주고 살아온 보람을 느끼게 한다. 그래서 동창들이 모이면 항상 젊어지는 기분이다. 앞으로도 계속 이어지기 바라며 해마다 새롭고 의미 있는 동창회가 되기를 바라는 마음 간절하다.

(2016. 12. 6.)

백신 맞는 날

이웃사촌은 옛말만은 아니다. 코로나19로 나라마다 심각하다. 확진자가 늘지 않도록 거리두기 2단계에서 2.5단계로 실시된 지 벌써 오래되었고, 5인 이상 모이지 못하니 동창 등 그리운 얼굴도 보지 못하고 1~2년이 그냥 지나간다. 다행히 치료약 백신이 개발되어 나라에서 거금을 들여 여러 종류의 백신을 수입했다. 아스트라제네카, 화이자, 얀센, 모더나 등의 백신이 있으며, 백신별로 부작용이 있고 나이에 따라 맞는 백신도 다르다. 코로나19 백신에 대해 보고된 부작용은 백신마다 비슷한 것 같다. 발열, 피로, 혈전, 두통, 근육통, 오한, 설사, 접종 부위의 통증 등으로 발생할 가능성은 코로나19 백신 종류에 따라 다르다고 한다. 75세 이상이 맞는 백신은 화이자다. 지병이 있는 사람은 백신을 맞아야 할지 말지 망설인다.

주민 센터에서 전화가 왔다. 신분을 확인하고는 6월 7일이 백신접종 차례라고 하며, 어르신이 맞을 백신은 화이자라고 한다. 컨디션은 어떠냐고 물어, 괜찮다고 하니 당일 주민등록증을 지참하고 10시까지 구청 예방접종센터로 나오시라고 친절하게 알려주었다. 그런데 부를 때마다 "어르신, 어르신"이라고 하니, 이제는 정말 어르신이 된 기분이다. 그런데 어쩌나! 아직도 어르신 되기에는 마음의 준비가 안 되었는데….

백신 맞는 날이 되었다. 정보에 의하면 보호자가 따라가야 한다고 한다. 만일의 경우, 부작용이 발생할까 봐 그런가 보다. 자식들이 다 바쁘기도 하고, 큰 병도 아니고 나 자신이 걱정이 안 되어 알리지도 않았다. 그래서 예방접종센터까지 걸어가긴 좀 멀고 버스 타고 갈까 생각 중인데, 위층 부인에게서 전화가 왔다. 자기는 아스트라제네카를 맞았고 남편이 오늘 화이자 백신 맞는 날이라 아들이 모시고 간다며 자기도 갈 테니 같이 타고 가잔다. 허물없이 지내던 터라 "너무 고맙지요. 시간 맞춰서 나갈게요." 하고 승용차에 타고 같이 갔다.

예방접종센터에 도착하니 놀랄 만큼 사람이 많았다. 접수하고 번호표를 받아 대기 장소에 앉아서 30분 정도 기다리니 번호를 부른다. 바닥에는 노란 테이프를 붙여 놓고 많은 도우미들이 노란 줄을 따라가라며 안내를 한다. 문진표를 작성하고 신분증 확인을 또 한 번 한 후, 4층으로 올라갔다. 곳곳에 도우미가 있어서 진행이 빨랐다. 의사 한 분이 문진표를 받고 혈압과 당뇨는 없느냐고 체크한 다음, 투표하듯이 칸칸이 준비된 곳에 의사가 앉아서 왼쪽 어깨에 주사를 놓는다. 따끔한 정도로 간단히 끝내고 나오는데, 휴대폰 뒤에 2차 접종하는 날짜를 붙여주었다. 아마도 기억력이 저하된 어르신들이라 잊어버릴까 봐 배려해 준 것 같아 고마웠으나, 어느새 내가 이런 노인의 위치까지 왔나 하는 마음에 서글픔이 잠시 지나갔다.

휴식 공간에서 백신 맞은 순서대로 15분 쉬었다가 주의사항이 있는 용지와 마스크 한 장씩을 나눠주고 돌려보낸다. 북새통같이 어수선한 가운데 도우미들의 철저한 안내로 그래도 질서 있게 끝내고, 승용차로 편하게 다녀왔다. 보호자들이 따라와서 더 복잡했고, 우리 아파트 사람들도 여러 명 만났는데 모두 보호자가 따라왔다. 그분들은 허약하고 질병이 있어서 보호자가 필요한 것 같았다.

윗집 부인이 혹시 타이레놀을 사다 놓으셨냐고 묻기에 생각도 못했다고 하니, 요즘은 많은 사람이 찾아서 약국에 '타이레놀'이 동이 났다고 한다. 그러면서 자기는 여유 있게 사다 놓았으니 드리겠단다. 고맙지만 미안한 마음에 괜찮다고 했다. 집에 도착하여 좀 있으니 "띵 동!" 하고 벨이 울린다. 타이레놀을 손에 든 윗집 부인이다. 그분은 천사 같은 마음씨의 부인이었다.

이웃사촌의 고마움을 새롭게 느꼈다. 그분은 지난 어느 날에도 친구 밭에 갔다가 열무, 쑥갓, 시금치를 많이 가져왔다고 절반을 주었다. 다듬어서 한동안 연한 채소로 반찬을 해 먹었다. 오랜만에 노지에서 직접 뽑은 것을 만지니 손이 많이 가지만, 유기농으로 지은 채소라 기분이 좋았다. 반상회로 사십 년 가까이 다져진 우정이라고 본다. 백신 맞는 날, 고마운 이웃으로 인하여 행복했다. 언제까지라도 서로 도우며 건강하게 살았으면 하는 마음 간절하다.

다음 날 아침, 주민 센터에서 봉사자라고 하며 안부전화가 왔다. 어제 백신 주사 맞고 어떠셨느냐고 물어서, 지금까지는 아무 일 없다고 하니, 다행이라고 한다. 혹시 부작용이 있었는지 염려되어 전화를 준 것 같아 고마워서 "수고가 참 많으셔요."라고 하니, 코로나가 끝날 때까지 봉사할 거라고 한다. 현장에서나 주민센터에서 열심히 일하는 봉사자들이 참 고마웠다. 그리고 외롭지 않도록 챙겨주는 이웃이 있어서 더 고마울 뿐이다.

2차 백신 맞는 날이 왔다. 이번에는 운동 삼아 구청 센터까지 걸어가잔다. 다행히 아프던 다리가 나아져서 쉬엄쉬엄 걸어가니, 오늘 하려던 운동량을 다 한 것 같아 운동 숙제를 끝내서 기분이 상쾌하다. 1차 때보다 인원수가 적어서 빨리 맞고, 돌아올 때는 힘들지 않게 택시를 타고 왔다. 6월 7일에 1차 백신을 맞고, 3주 후인 6월 28일에 2차 백신을 맞은 것이다. 1차 맞았을 때에도 아무 부작용이 없었으니 괜찮을 거라 생각했다. 접종센터에서 의사의 말씀은 3일 동안은 운동이나 힘든 일은 하지 말고 쉬라고 했다.

이튿날이 되었다. 열은 없으나 식욕이 없고 아무 일도 할 수 없는 무기력증이 왔다. 하루를 억지로 버티고는 저녁에 일찍 자고 아침에 일어나니, 컨디션이 말짱해졌다. 혹시 부작용이 아닌가 하고 걱정을 했는데, 무사히 지나간 것 같아 다행이었다. 이 정도는 독감 예방주사 맞았을 때와 비슷한 증상이라고 본다. 예방주사 백신을 맞았다고 완전히 안심할 수는 없단다. 부작용의 피해는 없었으니, 백신의 효과가 있기를 바라며 온 국민이 방역만 철저히 한다면 코로나19로부터 해방이 될 날도 머지않으리라. 세계적으로 앓고 있는 팬데믹이 하루 속히 지구상에서 추방되기를 바랄 뿐이다.

이웃사촌 덕택으로 조금은 겁이 났던 백신 주사도 무사히 맞은 걸 감사하게 생각한다. 아무리 이웃사촌이 옛말이라고 하지만, 이웃사촌은 옛날보다 핵가족으로 사는 오늘날에 더 맞는 말인 것 같다.

(2021. 6. 30.)

악한 끝은 없어도 선한 끝은 있다

불기 2565년 부처님 오신 날이다. 봉축법요식을 TV를 통해서 보게 되었다. 연등과 신도들의 발원을 쓴 깃발들이 울긋불긋 화려하다. 코로나19가 소멸되기 바란다는 문구를 여기저기에서 보며 몇십 년 전에 있었던 일이 기억났다.

엄마가 위암 수술을 하고 얼마 안 되었을 때이다. 북한산 인수봉 아래 '운가사(雲伽寺)'가 있다. 그날도 사월 초파일 부처님 오신 날이라 엄마와 같이 운가사에서 소원성취 글을 쓴 연등을 달고 내려오다가 절의 깃발을 세운 집을 보게 되었다. 엄마는 그 집에 가서 얼마나 더 살 수 있는지 물어보고 가자고 하신다. 엄마의 표정을 보니 절실한 것 같았다. 위암 수술로 인해 앞으로의 삶이 얼마나 남았는지 걱정되었던 것이다. 69년 후반엔 암 수술이 잘 되었다 해도 안심하지 못했다. 암자도 아니고 점집 같아서 주위를 살피며 들어갔다. 부처님상을 모시고 조그만 상에 쌀알을 움직이며 점을 친다. 엄마는 사주(四柱)를 알려주고 수명을 물어보셨다. 점을 치는 동안 기다리면서 혹시 점괘가 얼마 못 산다고 나오면 어쩌나 하는 마음에서 긴장이 되었다.

그런데 천만뜻밖의 말을 한다. 엄마가 돌아가실 운인데 너무 착하게 살아서 명줄을 이었다며 아주 오래 사실 거라고 한다. 얼마나 다행인가! 걱정하던 것이 희망적으로 바뀌었으니, 점집에 잘 들어온 것 같다. 엄마도 안도감을 갖는 듯 편안해 보였다. 들어올 때는 누가 볼까 봐 살며시 들어왔는데, 맞든 안 맞든 희망적인 말을 들으니 엄마도 나도 기분이 좋았다. 누구나 착하게 살면 명줄을 이을 수 있을까? 이런 생각을 하면서 엄마의 살아오신 삶을 더듬어 보는데, '아! 이거로구나!' 하는 생각이 떠올랐다. 그것은 전에 엄마가 들려준 이야기다.

6·25전쟁 중에 있었던 일이다. 9·28 수복 때 국군이 북한까지 진격하면서 인민군은 후퇴하고 동네에 국군이 들어왔다. 그때에 주민들은 너무 좋아서 태극기를 들고 만세를 부르며 국군을 환영했다고 한다. 국군 중에는 외삼촌이 우리를 남한으로 데려가려고 같이 왔었단다. 동네 사람들은 몹시 힘들게 했던 악질 빨갱이들을 국군에게 고발했다. 그들 중에 높은 간부였던 빨갱이 부부가 끌려가 처형당했다. 그 집엔 엄마 아빠를 잃은 어린 남매와 할머니뿐이었다. 집 안에 있는 쌀이며 식품들을 모두 압수당했으니 굶어 죽게 되었다. 엄마는 그들과 이웃에서 살았기에 사정을 잘 알고 있었다. 사상과 이념에 관계 없이, 그저 어린아이와 할

머니가 너무 가엾게 되어 측은지심에 쌀을 몰래몰래 갖다 주었단다. 그 쌀로 그들은 그렇게 연명을 하며 지내왔단다. 얼마 후 1·4후퇴 때, 국군들은 후퇴하고 중공군과 인민군들이 동네에 들어왔다. 국군이 왔을 때 만세 부른 사람들을 잡아다가 처형하려고 줄을 세워 놓았다. 외삼촌이 국군으로 왔었다는 이유로 엄마를 잡아다가 처형할 줄에 세웠다. 그때, 쌀을 받아 연명한 할머니가 나와서 큰소리로 "저 애기 엄마 아니었으면 나와 손주들은 다 굶어 죽었을 거야."라며 엄마를 죽음의 대열에서 빼 주어 목숨을 건졌다고 했다. "인생사 새옹지마"라고 길한 일이 흉한 일이 되고 재앙이 복이 되기도 하니, 국군이 들어왔을 때 사람들이 너무 나대지 않았으면 죽임을 당하지는 않았을 것이다. 세상이 엎어졌다 뒤집어졌다 하는 전시에는 경솔한 행동은 삼가고 현명하게 행동해야 한다는 교훈을 얻은 것 같다.

베풀고 살면 복을 받는다는 말은 많이 들었다. 그러나 이렇게 빨리 사태가 바뀌어 목숨을 보호 받을 줄을 누가 알았으랴! 아무도 예상치 못했을 것이다. 도움 받은 할머니도 사상 따윈 아랑곳없이 진정으로 고마움을 알고 은혜를 갚을 줄 아는 노모라고 생각하니, 순수하고 아름다운 이웃 풍경을 보는 듯했다.

지금까지 살면서 극한 상황에 누구에게든 도움을 준 일이 있는가 생각해 보았다. 지난날을 아무리 더듬어 봐도 엄마처럼 착한 일은 경험한 적이 없는 것 같다. 그래도 곰곰이 생각하니. 목숨 달린 일은 아니지만 난처할 때 나서서 해결해 주었던 일이 떠올랐다.

이십 대의 젊은 시절, H학교에서 있었던 일이다. K선생님 부인이 출산 중에 세상을 떠났다. 잉꼬부부라고 할 만큼 행복하게 살다가 사별하게 되었으니, 선생님들은 애처롭게 생각했다. 그런데 6개월이 좀 지나서 어느 선생님의 중매로 새장가를 간다고 한다. 너무 빠르다고도 하고, 좋은 사람 있을 때 빨리 재혼해야 한다는 사람들도 많았다.

결혼식 날이 왔다. 재혼이지만 선생님들이 많이 참석했다. 식이 시작하려는데, 신랑신부 입장할 때의 반주자가 없다. 사람들은 어쩌나 하고 서로 얼굴만 바라볼 뿐, 입장 시간은 코앞에 다가오고…, 너무 안타까워 얼른 피아노 앞에 앉았다. 친구들의 웨딩마치를 많이 쳐주었기에 예식 때 필요한 두 곡은 외우고 있었던 터이라 쉽게 쳐줄 수 있었다. 결혼식이 순조롭게 끝나서 다행이었다. 사람들은 너무 잘했다고 칭찬도 하고 고맙다고 했지만, 할 수 있는 일을 했을 뿐인데 뭐…. 그래도 절묘한 타임 때 해결해 줄 수 있어서 속으로는 흐뭇했던 기억이 난다. 누구를 위해 봉사할 수 있다는 건 참으로 기쁜 일이다.

신도들의 발원처럼 코로나19가 하루 속히 종식되기 바라는 마음 간절하다. 지금은 교회에 나가지만, 옛날 사월 초파일 엄마와 운가사에서 내려오던 추억의 그 길은 생생하게 그리움으로 남아 있다. 엄마의 선한 행위로 어린아이와 할머니가 견디어 냈고 그 할머니에 의해 엄마가 죽음으로부터 구조되었다. 선행이 선행을 낳은 것이다. 그래서 악한 끝은 없어도 선한 끝은 있다고 전해오는가 보다. 엄마가 너무 보고 싶다.

“엄마, 천국에서 아버지와 편히 지내시지요? 저도 엄마처럼 착하게 살다가 하나님이 부르시면 엄마 곁으로 달려갈게요. 그때 반갑게 만나요.”

불교 신자가 762만 명, 개신교 신자는 968만 명이다. 이들만 합해도 어른 인구의 절반인데, 세상은 그에 걸맞게 착하지 못한 것 같다. 남이야 어떻든, 우선 각자 자신들만이라도 종교의 가르침에 순종하면 세상은 훨씬 부드러워질 텐데…. 나부터 착하게 살면 되지 않을까 생각한다.

(2021. 5. 19.)

1박 2일

"할머니, 저하고 1박 2일 여행가지 않으실래요?"

전화 속에서 손녀의 낭랑한 목소리가 들려왔다. 갑자기 웬 여행이냐고 하니, 추석 연휴 때 엄마, 아빠, 동생이 베트남으로 여행을 간다고 했다. 그래서 자기는 따라가지 않고 집에서 쉬려고 했는데, TV에서 강호동이 나오는 1박 2일의 프로를 보고 나주에 가 보고 싶었다고 했다. 그곳에 나오는 맛집과 역사에 나오는 한옥에서 1박 하면서 이름 있는 휴양지에 가서 힐링하고 싶다고 했다. 손녀는 교통편, 숙소, 가 볼 곳을 모두 알아보고 예약하겠다고 한다.

할머니가 안 가시면 자기 혼자 여행을 떠나겠다고 하여 손녀 혼자 간다는 게 마음에 걸려 같이 가자고 했다. 추석 이틀 후에 떠나서 연휴 끝난 다음 날 오자고 한다. 일정을 보니, 가는 날 새벽에 떠나서 관광을 모두 마치고 한옥에서 하룻밤 자고 새벽

차 타고 서울로 오는 스케줄이다. 이왕이면 돌아오는 시간을 좀 늦추면 이틀은 관광할 수 있지 않겠느냐고 하니, 사람들이 연휴 마지막 날에 서울로 거의 오기 때문에 연휴 끝난 첫날에는 고속도로가 밀리지 않을 거란다.

9월 26일 아침 센트럴시티에서 07시 10분 중앙고속버스에 올랐다. 승객은 우리 둘을 포함해서 모두 세 사람이다. 이렇게 손님이 적어도 차는 제 시간에 떠나는구나 생각하니 기름값과 시간이 아까운 것 같다. 이래도 버스회사가 제대로 운영이 될까 하는 생각도 들었다.

3시간 40분 걸려 나주에 왔다. 우선 예약한 숙소부터 찾아갔다. 손녀는 한옥에서 일박하고 싶다고 하더니 나주 '목사내아'를 어렵게 예약했던 것이다. 목사내아는 조선시대 나주 목사가 기거하던 살림집으로, 일제 강점기 때 관사로 사용하면서 변형되었으나, 2009년에 복원하여 지금은 한옥 전통문화 체험공간으로 활용되고 있다. 목사내아 금학헌(琴鶴軒)은 1980년도 후반까지 실제로 나주 군수가 생활하였던 곳이라고 한다. 그곳에서 숙박을 하고 나면 좋은 일들이 생겨나 많은 사람들이 찾고 있어, 몇 달 전에 예약할 정도이다. 모래땅으로 된 마당 가운데 서 있는 팽나무는 500년이 넘는 세월 동안 나주를 지켜온 터줏대감이란다. 둘레에 작은 방들이 여러 개 있다. 대청마루 옆 작은 마루로 올라가 창호지로 붙인 방문을 열고 들어갔다. 감물 들인 이부자리에 두 사람이 겨우 잘 만한 공간이다. 작은 문갑이 하나 있을 뿐, 옷걸이도 없다. 손녀는 여기서 며칠 쉬어가면 좋겠다고 한다. 화장실과 욕실은 준비해 준 흰 고무신을 신고 모래를 밟으며 옆으로 돌아가야 있다. 너무 불편했다. 넓은 서울 집을 두고 이곳이 좋다고 하는 손녀는 소음 많고 복잡한 유학 생활과 도시 생활에 지친 것이 아닌가 싶다.

차 한 잔 마시고 나와서 '나주목문화관'에 들렀다. 천 년간 전남의 행정, 경제, 문화의 중심지였던 모습을 보여주는 전시관이다. 다음으로 조선 성종 때, 나주 목사 이유인이 세웠다는 나주의 궁궐 '금성관'에 들어서니 관광객이 몇 명 있을 뿐 한적하다. 뒤뜰에는 오래된 은행나무 아래 노란 은행들이 구슬처럼 뿌려져 있고, 넓은 대청마루엔 연인 한 커플이 한가로이 데이트를 즐기고 있다. 금성관은 왕을 상징하는 지방 궁궐로서, 동서 양쪽의 부속 건물은 객사로 사신이나 중앙 관리들의 숙소로 사용되었다고 한다. 매월 1일과 15일에 왕께 충성을 다짐하는 망궐례를 치르던 곳으로 전국 최대 규모를 자랑하며, 구한말 명성황후가 시해 당했을 때 빈소가 설치되었고, 일제 강점기부터 군청사로 사용되다가 1977년 원형대로 복원되었다고 한다.

휴게소에서 호두과자를 먹은 관계로 이제야 시장기가 돌았다. 나주의 대표 음식으로 자리 잡은 나주 곰탕거리에서 인터넷에 나온 하얀 집을 찾았다. 뚝배기에 담은 탕(국밥)을 시켰는데, 살코기인 양지와 사태를 삶는 과정에도 나주만의 노하우가 있다고 한다. 고기가 연하고, 국물이 달고 맛이 좋았다. 밥, 곰탕, 김치 등의 부서에서 종사하는 종업원이 얼른 보기에 30명도 넘는 것 같았다. 맛있게 먹고 나오니, 문밖에서 대기하는 사람이 줄을 서 있다.

택시를 타고 전라남도 '산림자원 연구소'를 찾아갔다. 넓은 산림욕장과 수목으로 울창한 숲을 이루고 있어 아름다운 경관이다. 어린이부터 노인들까지, 특히 연인들의 데이트 하는 모습이 많이 보였다. 아직 애인이 없는 손녀가 부러울 것 같아서, 이담에는 너도 애인하고 같이 와서 데이트하라고 웃으며 말해 주었다. 이곳은 아카시아 잎과 비슷한 '메타세쿼이아'라는 가로수가 사계절 정취를 느끼게 해 주어 전라남도의 새로운 관광 명소로 꼽힌다고 한다. 청정 자연에서 걷는 동안, 가슴속까지 힐링이 된 것 같았다.

숲을 빠져나와 예약해 놓은 택시로 영산강 황포돛배를 체험하기 위해 달렸다. 황포돛배는 황토로 물들인 돛을 단 배를 말하는데, 과거 영산강 물길을 이용해 쌀, 소금, 미역, 홍어 등 생필품을 실어 날랐다고 한다. 지난 2008년, 황포돛배가 30여 년 만에 위엄 있는 옛 모습 그대로 부활했단다. 황포돛배는 그 옛날의 추억을 싣고, 강바람을 가르고 영산강을 오르며 우리들에게 즐거움을 주었다. 우리나라에서 유일하게 천연염색 문화에 대해 알 수 있는 곳 '한국천연염색박물관'을 멀리서 바라보는데, 선장의 설명이 나왔다. 이곳에선 상설전시장을 비롯해 자료관, 판매장, 체험장 등 여러 시설을 갖추고 있다고 하여, 시간이 되면 가 보고 싶었다. 해가 뉘엿뉘엿 서산으로 넘어가는 것을 보며 배에서 내렸다.

영산강 근처가 홍어거리다. 길 양쪽으로 홍어집이 쭉 늘어서서 어디까지인가 보기 위해 한참을 걸어갔다. 가도 가도 끝없이 늘어선 홍어집이 신기하여 기웃거리며 다녔다. 집집마다 바닥에 홍어가 셀 수 없이 깔려 있다. 우리는 인터넷에서 검색한 홍어 1번지로 들어갔다. 홍어거리에서 냄새가 코를 자극하여 손녀는 먹고 싶지가 않다고 한다. 그래도 홍어를 먹기 위해 여기까지 왔는데 먹어 보자고 하여 2인분을 코스로 시켰다. 칠레 홍어보다 비싸다는 국산 홍어를 주문했다. 홍어무침, 홍어찜, 홍어튀김, 홍어 전(발효된 것과 안 된 것), 홍어 간(애), 홍어탕, 삭힌 홍어, 생 홍어, 톡 쏘는 홍어에 잘 삶은 돼지고기와 묵은 김치를 곁들여 먹는 삼합이 나왔다. 삼합을 먹으니 코가 뻥 뚫리는 것 같았다. 여기에 막걸리 한잔을 걸쳤더니 제대로 홍어 먹는 기분이 들었다. 손녀와 잔을 마주치며 건강하자고 했다. 요즘 젊은이들은 소주, 막걸리 등을 잘 마신다. 74,000원의 거금을 내고 홍어집을 나왔다.

이제 계획한 볼거리, 먹을거리가 모두 끝나고, 대기한 택시로 숙소에 돌아왔다. 너무나 조용하다. 발소리를 죽여 가며 방으로 들어가 세면장으로 가서 간단히 씻고 나왔다. 이런 곳에서 공짜로 더 있으라고 해도 못 있을 것 같은데, 손녀는 누워서 풀벌레 소리만 들리는 이곳이 너무 좋단다. 내 취향과는 너무 다르다. 내일은 아침 7시 20분 버스로 서울로 올라간다. 불편한 것도 추억이리라.

다음 날 새벽에 뛰다시피 하여 영산포 터미널에 도착했다. 예약한 금호고속버스가 제시간에 도착했다. 역시 승객이 5명뿐이다. 길이 막히지 않아 예정 시간보다 빨리 서울에 도착했다. 말이 1박 2일이지 하루 여행을 하고 온 것이다. 첫 손녀라서 사랑도 제일 많이 받고 자라서인지 자신감이 넘쳐흐른다. 내가 보호자로 간 것이 아니라 손녀가 나의 보호자가 되어 여행한 것 같다. 손녀는 급변하는 세상에도 이해와 적응이 빨라 앞서가며 리더가 되었고, 모처럼 단둘의 여행이라 의미가 남달랐다.

첫날은 알차게 관광했지만, 다음 날은 잠만 자고 바로 온다는 게 좀 아깝고 아쉬웠다. 나주에 볼거리와 맛집이 이렇게 많은 줄 몰랐다. 다음 기회에 넉넉한 시간을 갖고 보고 싶었던 한국 천연염색박물관, 나주향교, 나주읍성 등을 관광하고, 3대 맛 거리라는 곰탕거리, 영산포 홍어거리, 구진포 장어거리에 다시 가서 맛집을 두루 다니며 먹어 보고 싶다. 휴게소에서 간단히 아침을 때웠기에 손녀는 회사로 출근하고 나도 피로를 풀 겸 사우나로 향했다. 아! 손녀는 오늘 출근하려고 머리를 썼구나! 이제야 손녀의 깊은 뜻을 알았다.

이번 여행은 하루뿐이었지만, 볼거리, 맛 거리를 제대로 체험하고, 손녀와 좋은 추억을 만든 1박 2일의 여행이었다.

(2018. 10. 31.)

티끌 모아 태산

아담한 정원이 있는 수유리 집에서 오래 살았다. 봄이 되면 진달래, 라일락부터 시작하여 겨울의 장미까지 피면 꽃들은 겨울잠이 시작되고, 겨울나무들은 새하얀 눈꽃을 피우기 시작한다. 예쁘고 아름다운 풍경을 보며 사는 것은 좋았으나, 풀 뽑고 낙엽 쓸고 눈도 치워야 하는 잡다한 일이 많아 언제나 바쁘다. 갑자기 도우미가 안 오는 날은 출근할 때 매우 곤란을 겪는다. 그래서 생각해 낸 것이 아파트였다. 남편은 아파트를 비둘기 집 같다고 싫어했지만, 현장에 와 보고는 마음이 바뀌어 바로 계약을 했다. 아이들도 좋아하고, 무엇보다 집을 비우고 다닐 수 있어서 제일 좋았다. 주위에는 일반 주택들이 많아서 아파트촌 같지 않았다.

그 시절, 학교에서는 매월 1일을 새마을 날로 정하고, 그날은 새벽 6시에 출근하여 학교 주위를 깨끗이 청소한 후, 다 같이 아침 식사를 했다. 바빴지만 눈이 많이 왔을 때는 눈도 치우며 오히려 기분이 상쾌하고 부지런해지는 것 같았다. 또 각 지역에서도 반상회를 조직하고, 반장을 선출하여 구청에 보고해야 했다.

24명의 반원이 모델하우스였던 우리 집에서 모였다. 반장 선출을 해야 하는데, 낯설어 서로 얼굴들만 바라보며 말이 없었다. 그런데 1207호 남자분이 "오늘 모인 이 댁 안주인을 반장으로 추천합니다."라고 했다. 그러자 잘 됐다는 듯이 박수가 나왔다. "저는 직장인이라 시간이 없어서 못 합니다."라고 사양했다. 반상회는 저녁에 하는 것이니 가능하다면서, 또 박수로 통과 시켰다. 그 남자분은 왜 그렇게 곤란하게 하는지 정말 언짢았다. 하지만 더 이상 발뺌하다간 이상한 사람이 될 것 같아 어쩔 수 없이 수긍하고 말았다. 그렇게 하게 된 반장을 오늘날까지 하게 될 줄이야….

매월 25일은 정부에서 정한 반상회 날이다. 반상회 장소는 1층 세대부터 시작하여 돌아가기도 했다. 호수, 세대주, 전화, 날짜를 컬러로 기록하여 코팅을 해서 각 세대에 나누어 주고, 본인 차례에 시행을 못할 때에는 상호 간 바꾸어 하라고 주(註)를 달았다. 매월 장소가 바뀌니 집 구경도 하고 차려놓은 다과도 먹으며 점점 친목이 되었다. 모일 적마다 반갑게 인사를 하며 반원들 사이가 가까워졌다. 반장은 관리소장으로부터 받은 중요사항을 반원들에게 전달하고, 아파트에 불편한 곳이 있거나 원하는 것이 있으면 건의사항으로 기록해서, 다음 날 관리실에 제출하여 해결한다. 혹시 비상시에 회비는 있어야 할 것 같아 반원들과 의논하여 월 회비 2,000원, 결석 시에는 벌금 1,000원으로 정했다. 반상회는 점점 더 활성화되어 반상회를 끝내고 노래방도 가며 재미있게 이어갔다.

10년쯤 되었을 때, 경비원 한 분의 집이 낮에 화재가 나서 인명피해는 없었으나 모두 전소됐다고 한다. 반장으로서 잠시 생각하다가 비상소집을 하여 화재당한 경비원을 도와주자는 의견을 말했다. 다행히 모두 찬성하여 액수를 50, 100, 150만 원으로 안을 내놓으니, 100만 원으로 합의를 보았다. 그동안 모은 반상회비와 세대에서 낸 성금을 합쳐 관리실에 보내어 전달했다. 이 소식이 다른 반에도 알려져 같은 금액을 만들어 전달했단다. 우리 반에서 시작을 잘한 것 같았다. 큰 금액은 아니지만, 살림살이를 준비하는데 보탬이 되었으면 하는 마음이다.

또 2014년 5월에는 경비원 한 분이 갑자기 심장마비로 사망했다. 아주 곤란한 집이고 안사람은 어느 건물에 청소하러 다닌단다. 그래서 반상회의 때 우리 반에서 조의금을 좀 보내면 어떻겠냐고 했더니, 모두 찬성하여 반상회비에서 50만 원을 부인에게 전달했다. 티끌 모아 태산이라고 그동안의 모은 회비를 좋은 일에 쓰이게 되어 다행이었다. 애경사 때에는 반원들도 거의 참석하여 슬픔과 기쁨을 나눈다.

오래 살다 보니 자녀들도 거의 출가하여 부부만 남게 되고, 연세들이 많아 집에서 반상회를 하는 것이 부담스러워졌다. 그래서 밖에서 식사하면서 반상회를 할 때가 많았다. 세월과 함께 회비가 모아져 반원들을 위해 쓰기도 했다. 수원갈비, 평창동보리굴비, 중식 등 여러 차례 정담을 나누며 식사를 하니 회원 간의 정이 더욱 돈독해졌다.

40년에 가까운 긴 세월이 흘렀다. 이사 올 때에 계셨던 할머니, 할아버지들은 모두 떠나고, 그 자리는 우리들의 몫이 되었다. 세월 앞에 장사가 없다는 것을 실감하면서 홀로 된 할머니, 할아버지가 차츰 늘기 시작한다. 어제는 같이 분양받고 입주한 507호가 이사를 간다고 하여 가슴이 덜컥했다. 그 댁은 부부 장로님으로 재력도 많고 또 남편과 동향이어서 더욱 가깝게 지내고 있었다. 이사를 가신다니 허전해서 어쩌나! 너무나 섭섭했다. 또 그분은 해마다 연말 반상회 때 선물을 가져와 반원들에게 기쁨을 선사했다. 오늘도 이사 간다고 팥 시루떡을 돌렸다. 이제 입주 오리지널 멤버는 세 집만 남았다. 따라서 우리 아파트도 많이 늙어갔다. 한 번도 집수리를 안 했거나 집에 손을 대지 않은 분들은 새 아파트로 떠나고, 황혼기를 맞이한 백발노인들이 많아졌다. 2020년, 금년에는 코로나19로 반상회를 열지 못했다. 어쩌다 밖에서 만나면 "언제쯤 반상회를 열게 될까요?"라고 안부를 물으며 반가워한다.

단독주택에서 꽃도 심고 채소도 가꾸며 살다가 아파트에 오니 딴 세상에 온 것처럼 할 일이 없는 것 같았다. 특히 반상회를 열 때마다 새로운 정보를 공유하며 이웃 간에 사이좋게 지내니 너무 좋았다. 우리 반의 반상회가 재미있게 열린다고 다른 반에서 부러워하는 사람도 있었다. 그 반들은 반장을 3개월, 또는 6개월씩 돌아가며 하다 보니 규칙이 지켜지지 않아 반상회가 없어지고 만다.

구청에서는 반장들에게 수고한다고 설날과 추석 때마다 25,000원의 재래시장 상품권을 준다. 어느 반상회 날 상품권을 자랑하며 말했다.

"반장이 너무 장기 집권을 했으니 반장을 바꿉시다."

"반장님 말씀 잘 들을 테니 그냥 해 주세요."

"반장님, 그동안 수고하셔서 죄송한데요, 이왕 봉사하던 김에 계속해 주세요."

반장을 바꾸자는 내 제안에 다른 반원들이 이렇게 답했다. 사실 반장은 신경 써야 하는 일이 종종 있다. 그러나 '매일 하는 일도 아니고, 반원들이 그처럼 원하는데 그냥 하자.'라며 마음을 접고 한 것이 40년이 되었다.

반상회는 1970년 초에 새마을 운동의 일환으로 강력히 추진된 정부 시책이었지만, 그 덕에 우리 반원들은 정다운 이웃이 되었고, 활기찬 아파트가 되어 좋았다. 반장을 계속하는 것도 봉사라 생각하며, 희로애락이 걸쳐간 우리 아파트에서 언제까지나 정답게 살고 싶다.

새마을 연수 때 「새마을 노래」 4절까지 힘차게 불렀던 추억이 떠올라 다시 한번 불러본다.

새마을 노래 (박정희 작사/작곡)

1. 새벽종이 울렸네 새아침이 밝았네
   너도나도 일어나 새마을을 가꾸세.
2. 초가집도 없애고 마을길도 넓히고
   푸른 동산 만들어 알뜰살뜰 다듬세.
3. 서로서로 도와서 땀 흘려서 일하고
   소득증대 힘써서 부자마을 만드세.
4. 우리 모두 굳세게 싸우면서 일하고
   일하면서 싸워서 새 조국을 만드세.

후렴: 살기 좋은 내 마을 우리 힘으로 만드세.

(2020. 12. 2.)

병문안

친구는 산악회에 갔다가 넘어져서 구급차를 타고 충주병원에서 응급조치를 한 후 서울성심병원으로 왔다고 한다. 골반뼈가 금이 갔단다. 공치는 날 사흘 앞두고 이런 사단이 났으니, 참으로 딱하다. 골프 회장은 빨리 회복되기 바란다며 이미 팀을 다 만들어 놨으니 대타를 구해보라고 한다. 그러나 날짜가 너무 임박해서 어려웠다.

동창들의 동호인 모임을 만든 지는 10여 년 정도 되었다. 등산, 테니스, 마라톤, 바둑, 골프팀으로 모두 나름대로 활성화되고 있다. 골프 모임도 매월 셋째 화요일에 만난다고 '삼화회'라 칭하며, 아주 춥거나 더울 때를 빼고는 잘 지켜 왔다. 그런데 금년 들어 불상사가 많이 생겼다. 여자 회원 3명이 넘어져서 발목에 금이 가고, 무릎의 연골이 깨지고, 골반뼈가 금이 가서 모두 깁스를 하고 있는 형편이다. 남자 동창들도 작은 사고로 다쳐서 불참할 때가 있다. 이제 나이는 숫자에 불과하다는 말이 아니라는 것을 증명하는 것 같다.

그렇지 않아도 요즘엔 언제까지 공을 칠 수 있을까 하는 얘기를 자주하고 있었던 참이었다. "세월이 하 수상하니 필동 말동 하여라."라는 옛시조의 한 구절이 생각난다. 우리가 자꾸 다치니 골프를 접어야 되나 말아야 되나 하는 생각이 들었다. 접자니 너무 서운하여 점심 식사를 하며 씁쓸한 얘기들이 오고 갔다. 오늘 참석한 사람들은 "80까지는 가 봅시다!" 하며 스스로 용기를 갖고 힘을 내자고 했다.

골프는 운동 중에 제일 좋아하는 취미생활이다. 그런데 이제 와서 그만둬야 한다고 생각하니, '어느새 인생 종착역에 왔나?' 아쉬움으로 마음이 서글퍼진다. 오늘 결석한 친구는 동창은 아니지만, 워낙 골프를 좋아하고 잘 쳐서 준회원으로 입적 시켰다. 골프 끝나고 집으로 오면서 친구가 입원한 병원으로 갔다. 청량리 서울성심병원 12층의 작은 병실에 침대 3개가 있다. 친구는 반가워하면서도 바쁜데 왜 왔냐고 한다. 골프 약속해 놓고 못 가게 되니 연락을 안 할 수가 없었다고 미안하다고 한다. 골반 오른쪽을 길게 깁스하여 일어날 수도 없고, 한쪽으로만 누워 있어야 하니 정말 힘들어 보였다. 들어온 김에 무릎 수술도 할 거란다. 갈수록 태산이라더니, 금이 간 골반도 붙기엔 좀 오랜 시간이 걸릴 텐데…. 그러다 보면 너무 오래 누워 있어서 근육이 빠져 골프는 힘들지 않을까 하고 걱정을 했다.

친구는 워낙 명랑하고 노래를 좋아하여 200여 곡의 노래를 부를 수 있다는 말을 했다. 그래서 노래는 아니지만, “하모니카 한 곡 들려줄까?” 했더니, 웃으며 좋다고 한다. 앞 침대에는 젊은 여자가 다리에 깁스를 하고 있고, 애인이 간병을 하고 있다. 옆 침대는 91세의 치매 할머니라는데 머리가 하얗고 마른 체구로 죽은 듯이 누워 있다. 친구도 할머니도 간병인이 도와준다. 양해를 구하고 녹음한 곡을 핸드폰을 통해서 들려주었더니, 앞에 연인들이 웃으며 “좋은데요!” 하면서 더 들려달라고 한다. 신기한 것은 치매 노인의 손가락이 음악에 맞추어 까딱까딱한다고 간병인이 말한 것이다.

의식조차 없어 보이던 할머니는 과거에 피아노도 쳤고 선생님도 하셨단다. 음악 소리에 기억력이 잠깐 돌아왔나? 신기했다. 음악 소리로 기억을 찾을 수만 있다면 얼마나 좋을까? 옛날 노래를 좋아하시던 구십 넘으신 친정어머니도 동요인 「고향의 봄」을 피아노로 들려드렸더니, 그렇게 잘 부르시던 어머니가 “어디서 많이 듣던 노래”라고 하셔서 서글펐던 기억이 났다. 노인이 되면 어쩔 수 없이 기억이 흐려지는구나….

누워서 가엽게만 보이던 할머니가 달리 보여 동요, 가곡, 가요를 들려주었다. 그러다 보니 내가 병원에 위문공연을 하러 온 것 같다. 환자들이 즐거워하니 다행이다. 시간이 꽤 흐른 것 같아 일어났다. 친구에게 다음에 또 올 테니 빨리 회복하라 하고 젊은 연인들한테도 같은 인사를 했다. 끝으로 “할머니, 빨리 쾌차하세요.”라고 인사했더니 “감사합니다.”라고 힘 있는 소리로 응답을 하신다. 음악 소리가 할머니에게 잔잔한 활기를 주었을까? 치매라는 게 믿기지 않았다.

병원을 나서며 치매 할머니의 생각으로 마음이 착잡했다. 늙음은 자연의 현상이라지만, 치매는 어찌 걸리는 거야 하며 집에 도착할 때까지 생각이 많았다. 요즘 뉴스에서도 노년 인구 10명 중 2명이 치매라고 해서 신경은 쓰였지만, 오늘 병원에서 직접 보게 되니 너무 가여웠다. 특히 그분의 지난 세월이 우리와 같았기에 더욱 예민해졌다. 미래에 우리의 자화상이 아닐까? 90세가 넘으면 집에서 누우나 산에서 누우나 마찬가지라고 했던가! 음악에 맞춰 손을 까딱거리는 할머니 모습이 좀처럼 지워지지 않았다.

다음에는 하모니카를 가지고 가서 생음악으로 들려줄까 하는 생각도 해 봤다. 물론 친구를 위문하는 뜻이지만, 할머니의 반응을 보고 싶은 게 더 솔직한 마음이다. 다음 날 전화를 했더니, 어제는 고마웠다고 하며 같은 병실 환자들이 잠시나마 즐거웠다고 했다. 다음에 또 갈 테니 편한 마음으로 치료 받으라며 통화를 끝냈다. 친구가 빨리 회복되어 예전처럼 골프 동반자가 되기 바라는 마음 간절하다. 치매 할머니도 하모니카 소리에 박자를 맞추었던 일이 계기가 되어 쾌거 된다면 얼마나 좋을까!

(2018. 10. 14.)

삼총사의 우정

임 선생 남편이 치매가 심해져 몇 년째 요양 병원에서 사람도 알아보지 못하고 콧줄로 음식을 넣으며 연명치료만 하고 있단다. 코로나로 면회도 안 되고 필요한 물품만 구입하여 병원으로 갖다 준다. 아무것도 모르고 고통만 겪는 남편이 가엾고 불쌍하다며 가슴 아파한다.

죽전에 사는 임 선생이 너무 힘들어하여 위로도 할 겸 이 선생과 같이 갔다. 임 선생은 숨만 쉬는 남편에게 빨리 죽으라고 할 수도 없다면서, 이미 남편을 떠나보낸 사람들이 부럽다고 한다. "그래도 남편이 있다는 것만 해도 얼마나 의지가 되는지 알아요?" 절대 그런 소리 하지 말라고 했다. 이럴 때일수록 제때 밥 챙겨 먹고 기운 차리라며 위로를 했다. 임 선생, 이 선생은 30대부터 만나서 삼총사라고 하며 친하게 지내 온 사이이다. 임 선생과 만나기 전, 이 선생과 친하게 지내면서 있었던 일화가 떠올랐다.

이 선생과는 F초교에서 근무하며 단짝으로 지냈다. 그러다가 우리만 친하게 지낼 것이 아니라 남편들과도 식사 한번 하자고 날짜를 잡았다. 두 부부가 좋은 일식집에서 만났다. 처음이라 어색할 줄 알았는데, 술을 한 잔, 두 잔 하더니 두 분이 맞장구를 치며 너무나 즐거운 시간이 되었다. 이 선생과 나는 동갑이지만, 부군들은 나이 차가 있으며 우리 남편이 더 위였다. 금방 형님, 아우하며 예전부터 알던 사이처럼 화기애애하게 식사를 했다. 내내 덕담들로 웃음 분위기였고, 다음에 또 만나자고 한다. 오늘 식사는 서로 대접한다고 하다가 형님이 된 남편이 먼저 내고 헤어졌다.

집에 돌아온 남편이 거나하게 취하여 기분 좋아서 김 사장과 말이 잘 통한다며 "좋은 사람이야."라고 칭찬했다. 그러면서 "이 선생보다 우리 한 선생이 훨씬 예쁘다."라고 한다. 그래서 기분은 좋았지만, 나도 한마디 했다. "아마, 이 선생 남편 김 사장님도 한 선생보다 이 선생이 훨씬 예쁘다고 할걸요?" 해서 한바탕 웃었다. 남편 말을 듣고 보니, '김 사장은 집에 가서 무슨 말을 했을까?' 궁금했다. 다음 날 출근하여 어제는 참 좋은 시간을 가졌다며 집에 가서 남편의 기분이 어떠셨냐고 물어보았다. 이 선생 남편은 "양 회장님이 화통하고 멋쟁이야."라고 칭찬하며, 한 선생보다 자기 아내인 이 선생이 훨씬 예쁘다고 했단다. 어쩜 두 양반이 똑같이 칭찬했을까? 더 신기한 것은 약속이나 한 것처럼,

자기 부인이 더 예쁘다고 한 말이 너무 웃음이 났고 재미있었다. 그래도 자기 부인이 예쁘다고 느껴서 천만다행이지…. 남편들은 나름대로 20대의 아내와 처음 만났을 때의 예쁘게 느꼈던 기억이 떠올라서 그렇게들 말하지 않았을까? 아무튼 기분이 좋았다.

그 후 이 선생은 S학교로 전근 가서 임 선생을 만났고, 또 임 선생은 내가 있는 학교로 이동이 되었다. 우연하게도 임 선생 딸을 담임하게 되어 좋은 인연을 맺게 되었고, 다음 해에는 F학교에서 같이 근무한 이 선생 아들을 또 담임하게 되었다. 그리하여 이 선생과 임 선생은 나의 학부모가 되었으니, 사실은 어려운 처지라고 할 수도 있다. 그러나 나이도 비슷한 우리 세 사람은 서로 예의를 지키며 우정으로 변해갔다. 자칭 '삼총사'라고 하며, 삼총사의 남편들과 식사도 같이하면서 즐거운 한때를 지낸 적이 있다. 그 시절 남편들은 각자의 일터에서 열심히 일하는 모범 가장들이었다. 두 분은 한눈에 봐도 체격이 좋고 화끈한 성격 같은데, 임 선생 남편은 얌전한 선비 타입의 좀 작은 체형으로 말씀도 조용한 성품을 지닌 분이었다.

오랜 세월이 흘렀다. 체격이 좋았던 두 분은 80세 전후로 타계했는데, 왜소해 보이던 임 선생 남편은 86세의 일기로 소천하셨다. 골골 80이라고 하더니, 세 분 중 제일 오래 살았다. 장례식장에는 코로나로 문상객도 몇 명 안 되고 쓸쓸했다. 임 선생이 너무 지쳐 있어서 장례 끝나면 몸부터 추슬러야겠다고 생각했다. 몇 달 전에는 밖에 나갔다가 현관 번호가 생각이 안 나서 매우 심각했던 때가 있었단다. 기억력이 점점 나빠져 혹시나 하고 검사를 받았더니, 치매는 아니라 하여 안심을 했단다. 제일 무서운 병이 치매이니 여생을 잘 보내려면 건강해야 한다고 한마디씩 했다. “임 선생! 너무 슬퍼만 하지 말고 용기를 내세요! 이제부터 제2의 인생을 산다 생각하고 취미생활도 하며 열심히 살자고요!”라며 희망적인 얘기를 주고받았다.

젊은 시절 이 선생 부부와 식사 후, 서로 자기 부인이 예쁘다고 했던 남편들의 에피소드는 지금 생각해도 웃음이 나고, 그 시절이 행복했다. 또한 삼총사가 학부모 관계를 이루면서 우정으로 피어났으니, 가끔 이 선생, 임 선생은 아들, 딸 담임인 나의 말이라면 꼼짝 못하는 시늉을 하여 폭소가 터지기도 했다. 이렇게 삼총사의 우정은 언제까지나 이어 나갈 것이다.

(2021. 3. 31.)

친구가 위험해

친구는 나와 같은 척추협착증이라 같은 병원에 다니며 치료를 한다. 금요일마다 예약을 하여 같이 다니는데 문자가 왔다. 이번 금요일에는 친정 부모님 성묘 간다고 다른 날로 예약했다 한다. 친구 만나는 게 좋아서 친구와 같은 날로 다시 예약을 했다.

성묘 잘 다녀왔냐고 전화를 했더니, 기운이 없어서 아무것도 못하겠다며 힘 빠진 목소리다. 왜 그러냐고 물었다. 언니, 남동생과 같이 성묘를 가다가 언니는 다리가 아파서 밑에서 쉬고, 동생과 산소를 찾아 올라가는데, 풀이 무성하여 발로 헤치며 올라갔단다. 가지고 온 성물을 제단에 놓고 돗자리를 깔고 절을 한 후, 잠시 앉았다 내려와서 기다리던 언니와 같이 차를 타고 집에 왔단다. 날씨가 더워 짧은 바지를 입고 갔는데, 그때 진드기에 물린 것 같다고 했다. 하루 뒤에 열이 나며 전신에 빨갛게 발진이 났단다. 너무 가려워서 손톱으로 누르기도 했고, 열이 38.8도까지 올라 속이 울렁거려 걷기가 힘들었단다. 개천절 연휴라 진료하는 병원이 없었고, 대체공휴일 날 피부과에 갔더니 큰 병원에 빨리 가라고 했다. 친구는 점점 더 심해져 아무것도 먹을 수가 없었다. 연휴가 끝나고 내과에 가서 혈액검사를 하니, 단백질, 혈당, 백혈구 등 몸에 필요한 영양소가 모두 빠지고 간 수치는 높아져 위험 상태라고 했단다. 영양제라도 놓아 달라고 하여 맞았는데, 효과가 없었다.

TV에서 성묘 갈 때는 진드기를 조심하라는 말이 자주 나왔다. 진드기에 물리면 빨리 병원에 가야 하며, 다섯 명이 물리면 한 명은 사망한다는 뉴스다. 치료 방법도 없다고 하여 너무 무서웠다. 이러다 친구를 잃는 게 아닌가 하고 겁이 덜컥 났다. "하나님 아버지, 친구에게 힘을 주시고 살려 주세요."라며 기도만 할 뿐이었다.

차에서 극동방송을 듣는데 "여호와께로 돌아가자" 하는 소리가 귀에서 뱅뱅 돈다. 목사님의 설교를 들으면 마음이 편하고 감동을 받는다. 아프거나 어려운 일로 고통을 받는 사람들이 기도를 신청하면 목사님은 사연을 듣고, 즉시 따뜻함과 희망을 주는 기도를 해 주신다. 기도가 끝나면 나도 모르게 "아멘"이 저절로 나왔다. 기도 받은 사람들은 아픔과 고통이 엷어져 은혜를 많이 받는 것 같았다. 쉬지 않고 하는 기도도 좋지만, 기도를 받을 때엔 "아멘" 하며 고마움이 깊게 느껴진다. 친구를 위해 목사님께 기도 부탁을 하고 싶었지만, 어떻게 하는지 몰라서 참았다.

친구는 점점 식욕이 떨어져 식사도 할 수 없고, 비틀거려 걷기조차 힘들어졌다. 겨우 동네 병원에 가서 행여나 하고 영양주사를 또 놔 달라고 하니, 영양제를 자주 맞으면 백혈병이 된다고 놔주지를 않아 다시 피검사를 하고 결과를 보았다. 역시 필요한 영양소가 다 빠져나가 위험하다고 큰 병원에 빨리 가라고만 한단다. 이러다간 굶어 죽겠다 싶어 죽이라도 먹으려고 노력해 봐도 목에 걸려 넘어가지도 않고, 기운만 더 없어졌단다. 아마도 친구는 늦게 병원에 가서 병을 키운 것이 아닌가 하는 생각이 들었다. 친구의 집도 모르고 걱정만 하는데, 더군다나 이틀간 전화를 받지 않고, 문자를 해도 답이 없다. 삼 년 전에 남편이 갔고 아들만 둘인데, 모두 외국에 나가 있어서 연락할 길이 없었다. '잘못됐나?' 또 한 번 가슴이 덜컥했다. 문자로 '누구 가슴 타는 꼴 보려고 연락이 없냐?'고 했더니, 그날 오후에 힘없는 소리로 전화가 왔다. '죽지는 않았구나!' 하는데, 너무 아파서 119를 불러 타고 강남성모병원에 입원했다고 하여 한시름 놓았다. 그러면서 말하기 힘드니 자기가 전화할 때까지 전화하지 말란다. 알았다 하고 나름대로 기도만 했다.

"사랑과 은혜가 풍성한 하나님 아버지, 친구가 지금까지 버틸 수 있게 해주시어 감사합니다. 치료할 때에도 성령님이 함께 하시어 도와주시옵고, 또한 독소가 완전히 제거되어 깨끗한 몸으로 집에 갈 수 있도록 도와주시옵소서. 이 모든 것 우리 주 예수 그리스도 이름으로 간절히 기도드립니다. 아멘."

기도를 문자로 보냈더니, 친구는 “아멘”으로 답했다. 옛날에도 이런 살인적인 진드기가 있었을까? 세상이 팬데믹으로 험해지니 진드기 같은 작은 동물들도 살아남기 위해 독을 품어 사람들을 위협하는 것이 아닌가? 구약성경 창세기에 기록된 홍수를 버텨내기 위해 120년 동안 걸려 만든 노아 방주에는 모든 동물 암수를 찾아 넣었다고 했다. 40일간의 폭우로 150일 동안 땅에 물이 넘쳤다고 하는데, 그 방주 속에는 맹수인 호랑이, 사자 못지않게 살인 진드기도 있었을까 하는 의구심이 들었다.

인터넷으로 알아보니 진드기는 거미와 비슷하며 동물에 속한다. 아주 작은 참진드기에 물리면 약도 없고 사망까지 이르게 된다니…. 치료제는 물론 예방백신도 없고 매년 치사율이 10~20% 수준으로 높다고 한다. 지금은 입원 중이니 안심은 되나, 치사율이 높은지라 친구가 속히 회복되기만을 기다리면서도 걱정이 된다. 죽고 사는 것은 하나님께 맡기고 최선을 다해 기도만 하자.

“하나님 아버지, 친구가 지금까지 살아있음에 감사드립니다. 성령의 힘으로 완전히 치료되게 도와주시고 감싸 안아 주시어 위험에서 벗어나도록 도와주시옵소서. 이 모든 것 우리 주 예수 그리스도 이름으로 두 손 모아 간절히 기도드립니다. 아멘!”

(2021. 10.)

쯤에 나가서 처음으로 오경자 교수님과 인연을 맺게 되었다. 강의도 재미있고 푸근함이 느껴져 잘 나왔다고 생각했다. 그 후부터는 강의를 들으며 어설프나 열심히 글을 쓰기 시작했다. 교수님은 조선일보에서 6·25전쟁 60주년 기념으로 체험담을 모집한다는 정보를 주며 써보라고 하신다. 동료 교사였던 임 선생도 6·25 이야기를 듣고는 체험담을 안 쓰면 직무유기라며 종종 말했다. 그 후로 한 번은 쓰고자 했던 글이기에 A4용지 17장을 써서 조선일보에 보냈더니 전화가 와서 많은 이야기를 나누었다. 교수님 덕분에 전쟁의 참화 속에서 살아남은 가족들의 이야기를 글로 남기게 되어 고맙게 생각한다.

같은 모임인 장 선생님에게 수필공부를 하자고 했더니, 그런 곳이 어디냐며 무척 반가워하여 같이 다니게 되었다. 또 새마을 연수 때 장학사로 계시던 문 교장 선생님께도 말씀드리니, 역시 오케이를 하시어 나오시게 되었다. 좋은 것은 같이 하면 더욱 즐겁다.

어느 날, 친구는 벽보판에서 전국 어르신 백일장이 열린다는 포스터를 보았다며 바람도 쐴 겸 견학 차원에서 가 보자고 한다. 일산 호수공원을 낀 일산종합복지관에서 한단다. 산문이나 운문을 미리 메일로 보내도 되고 당일 현장에서 써도 된다며, 행사 일정을 빠삭하게 아는 친구는 자기 차로 가잔다. 자기는 이미 쓴 글이 있어서 메일로 보낸다고 했다. 심정을 솔직하게 말하는 그의 말을 듣고, 나도 글을 하나 보냈다.

백일장 날이 왔다. 그의 차를 타고 달렸다. 호수공원을 바라보며 일산종합복지관에 도착하니, 전국에서 많은 사람들이 몰려오고 있었다. 접수를 하고 2층으로 올라갔다. 담당자가 칠판에 3가지 주제를 적어 주고, 운문이나 산문 등 자유롭게 쓰라며, 장소를 이동해 써도 좋다고 한다. 우리는 다 쓴 원고지를 제출하고 나오니 호수공원 벤치, 잔디밭 등 야외 장소에서 쓰는 사람들의 모습이 과거시험을 치르는 선비들 같았다.

점심때가 되니 보살들이 육개장을 끓여서 오신 분들에게 대접을 하여 맛있게 먹었다. 커피까지 먹고 아름다운 호수공원을 한 바퀴 돌았다. 우거진 나무 사이를 거닐기도 하고, 벤치에 앉아 쉬면서, 이렇게 큰 복지관이 있는 줄을 처음 알았다. 실내에는 운동시설, 약국. 병원, 노래방, 극장 등 정말 다양하다. 그곳에서 우연히 동창을 만났다. 동창 야유회 때마다 비디오카메라를 들고 와서 찍어주던 동창이다. 그는 비디오 찍는 교육을 받는다며, 일산 구민들은 이곳에서 문화생활을 즐길 수 있어서 너무 좋다고 한다. 메일로 받은 작품은 오후 6시 컴퓨터에 수상자를 띄운다고 한다. 좋은 체험을 했다며 즐겁게 다녀왔다.

수상에 마음은 비웠으나, 그래도 호기심이 생겨 발표한다는 시간에 컴퓨터를 열어 보았다. 작품공모-산문-우수상-한혜정, 성북구, 생년월일까지 표시된 글을 보고 눈을 의심해 자꾸 보았으나, 틀림없다. 신기하기도 하고, 모처럼 가슴이 떨렸다. 나중에 수상집을 보고 알았지만, 일산노인종합복지관장이 능인 스님이었다.

「우리의 행복, 문학을 통해 보여지는 큰 기쁨」이라는 글에서 500여 명의 참가자들이 뛰어난 글솜씨를 뽐내주셨습니다. 신경림 선생님을 비롯하여 각 분야의 정상에서 활동 중에 계신 심사 위원님들을 모셔 엄격하고 냉철한 심사를 통해 본 대회가 더욱 빛났습니다.

능인 스님의 인사말이다. 특히 능인 스님은 문학작품 공모부문을 도입함으로써, 전국 각지의 어르신들에게 참여의 기회를 열어 드렸다는 것에 큰 의미를 두고 싶다고 했다. 참 훌륭한 스님이라 생각했다. 보살님들이 대회 날 여러 분야에서 봉사를 하는 이유가 궁금했는데, 이해가 되었다. 복지관에서 전화가 왔다. 축하한다며 통장계좌를 묻고, 상장은 택배로 보낸다고 한다. 내가 수상하게 된 것은 친구 덕분이었다. 백일장에 참여하자고 적극 권장했기에 영광스러운 기회를 맞이하게 된 것이리라. 통장에 들어온 상금(20만 원)은 오고 간 친구의 기름값과 수필반에 찬조금으로 사용하였는데, 적은 금액이지만 너무나 기뻤다.

이때가 2011년 10월이니 10년의 세월이 흐른 오늘날, 그 친구는 3권의 수필집을 냈고, 글벗들도 모두 책을 냈다. 친구는 빨리 책을 내라고 이만저만 재촉이 아니다. 교수님도 글을 묵혀두면 안 좋다고 빨리 내라고 하신다. 때때로 박차를 가해준 친구로부터 자극을 받기도 했고, 어차피 한 번은 내야 한다는 결심에서 수필집을 내게 되었다. 친구는 수필집이 너무 재미있다고 칭찬했다. 10권을 부탁하여 보냈더니, 보내지 말라는 책값을 부쳐주며 두 번째 책 낼 때는 그냥 달라고 한다. 좋은 일에는 강제성을 띠어서라도 도움을 주는 친구는 망설이는 나를 여러 면으로 일깨워 주었다. 부여로 이사 가지 않았다면 하루의 일상이 더 바빠졌을 것이다. 지난날을 회고해 보면, 평생교육원에 나오게 된 것, 백일장에서 수상하게 된 것, 수필집을 내게 된 것, 모두가 친구의 끊임없는 관심과 적극적인 충고로 이룬 좋은 추억과 기분 좋은 결과이다.

친구 서 작가는 생각할수록 고마운 친구다. 새로운 정보를 주고 아낌없는 칭찬과 격려로 용기를 준다. 이 친구가 언제까지나 건강하고 지금처럼 행복했으면 좋겠다. 고려대 평생교육원 종강하면 한 번 만나서 맛있는 것 먹으며 회포를 풀어야겠다. 임도 보고 뽕도 따고…. 핑곗김에 부여의 '궁남지' 연꽃을 보러 가도 좋겠고….

(2021. 6. 16.)

벗님네들 안녕하신지요

매달, 또는 두 달에 한 번씩 모이던 모임을 못하게 되니 답답하기 그지없다. 생각지도 않은 코로나19라는 불청객이 우리를 위협하고 있으니, 집콕 생활을 할 수밖에 없었다. 그동안 우리 벗님네들 안녕하신지 궁금하다. 코로나는 공기 전염이 아니고 비말로 전염된다 하여 마스크 쓰고 사회적 거리두기를 실천하며 지낸 지도 거의 1년이 되어간다. 유치원, 학교, 헬스장, 노래방 등이 폐쇄되어 점점 살기 힘들고 재미없는 세상이 되었다. 따라서 음식점 및 소상공인들은 손님이 없어서 가계를 아예 접는 곳이 많으니, 더욱 심각한 사태이다.

코로나19가 빠르게 확산되어 우리나라도 사망자가 점점 늘어나고 있지만, 유럽, 미국 등의 외국에서는 몇만 명씩 죽어 나간다. 팬데믹이라는 세계적인 전염병이 앞으로 얼마나 갈지 모르나, 백신이 내년쯤에 나온다고 하는데 신종 바이러스가 자꾸 나타나서 문제라고 한다.

벗님네들을 만나지 못하니 얼굴까지 잊어지는 것 같다. 어떻게 지내시는지…. 이러다가 너무 늙어서 알아보지도 못하는 할머니가 되는 건 아닐까? 삶이 활발하지 못하니 아프다는 소리만 여기저기서 들려온다. 코로나는 지병 있는 사람과 노인들을 더 공격한다는데, 연세 많은 우리 벗님네들이 은근히 걱정된다. 이 시기를 잘 헤쳐나가야 할 텐데….

움츠리고 지나가는 세월이 아까워 집에서 글도 쓰고 집안 정리도 하며 그럭저럭 지내다 보니 금년도 어느새 다 가고 아쉬움만 남는다. 날마다 뉴스에서 확진자 수를 확인하며, "이 또한 지나가리라."를 중얼거리기도 한다. 매일 확진자 수를 보면서 불안감과 안정감이 교체되니, 다음 날은 더 줄어들기를 고대해 본다.

코로나보다 사망률이 빠른 페스트균인 흑사병(黑死病)은 14세기에 유럽에서 7,500만 내지 2억 명의 목숨을 앗아간 인류 사상 최악의 범유행(汎流行)이라고 한다. 그때에 사람들은 지구의 종말이 오는 것이 아닌가라고 했단다. 지금 우리들의 심정도 그와 같다. 세계적으로 확진자 수가 무섭게 늘어날 때마다 코로나로 지구의 종말을 맞이하는 것은 아닌가라고….

감염이 되자마자 사망하는 페스트에 비하면, 코로나19는 그래도 치료할 시간적 여유가 좀 있는 편이다. 마스크만 제대로 쓰고 사람들과 대면할 때 말을 삼가면, 전염을 막을 수 있단다. 마스크가 답답하다고 코를 내놓고 입과 턱만 가리는 사람이 있는데,

그것은 아무 소용이 없으며 코로나 균을 옮길 수도 있고 옮을 수도 있단다. 눈에 보이지도 않는 코로나가 세상을 휘젓고 다니니, 점점 밖으로 나가기가 두려운 세상이 되었다.

학교에도 못 가고 집에서 줌으로 온라인 수업을 받고 있는 초, 중, 고, 대학생들은 얼마나 답답하고 불편할까? 교사나 학생 모두가 처음 해 보는 프로그램이니, 교육의 효과가 제대로 나올까 궁금하다. 미국에서 유학하다가 여름방학 때 돌아온 손자는 14일간의 자가 격리로 식구들이 이동하는 불편을 겪었다. 개학이 되었으나, 미국이 코로나가 더 심하여 돌아가지도 못하고, 한국에서 밤낮을 거꾸로 생활하며 온라인 수업을 받고 있다.

국민 모두가 이런 불편한 생활을 언제까지 하게 될까 속들만 탄다. 사람들을 만나게 되면 눈치껏 피해 다니는 세상이 되었고, 또 비말 마스크를 쓰므로 얼굴을 알아볼 수가 없으니, 누군지 몰라 실례할 때가 있다. 이렇게 힘든 이때에 말없이 땀 흘리며 환자 치료에 열심인 의사, 간호사들이 있으니, 그들의 희생적인 봉사정신에 존경심을 갖는다. 그분들 덕분에 환자들도 많이 회복되어 퇴원하고, 마음이 조금은 안심이 된다. 우리 국민 모두가 합심하여 의사의 지침을 잘 지켜서 하루 속히 코로나가 없는 사회가 되었으면 좋겠다.

일 년이 다 가도록 집콕 하시는 우리 벗님네들!

조금만 더 참고 지내시다가 코로나가 물러가고 정상적인 일상으로 돌아왔을 때, 웃으면서 만나요.

그런 날이 빨리 오기를 기다리며, 갑갑하지만 무소식이 희소식이라 생각하고, 건강하게 잘 버텨 내시기를 바랍니다.

벗님네들! 힘내시고 파이팅 합시다!

(2020. 10. 14.)

알바하다 보석 얻다

오늘은 10월 1일, 국군의 날이자 친정 조카의 결혼식 날이다. 탐스러운 목화송이가 몽실몽실 피어오르듯 청명한 가을 하늘을 보니 마음이 매우 상쾌했다. 사랑하는 조카의 결혼식이 순조롭게 진행되기 바라면서 긴장되기도 했다.

조카는 예술대학 성악과를 졸업하고, 오디션에 통과되어 시립 합창단원이 되었다. 합창단에서는 때때로 뮤지컬과 오페라를 공연하여 관람하기도 했다. 대학 다닐 때, 울림통이 좋다고 지도 교수가 말씀하셨다더니 정말 노랫소리가 쩌렁쩌렁하다. 그렇게 합창단원으로 활동한 지 십여 년의 세월이 흐르고, 그럭저럭 안주하다 보니 서른 살을 훌쩍 넘어 사십에 가까운 나이에 이르렀다. 그러나 넉넉지 못한 형편에 결혼은 언감생심 꿈도 꾸지 못했다. 일요일이면 장위동과 천호동에 있는 두 곳의 교회에 솔리스트로 뛰면서 열심히 살아왔다. 결혼을 안 하는 게 아니라 못한다고 제 엄마에게 선언하기도 했다. 엄마는 '연애라도 해서 장가가면 얼마나 좋을까?'라고 생각했으나, 그건 동생의 희망 사항일 뿐이었다.

우리 사회에선 언제부터인지 결혼할 때, 신랑이 집을 장만해야 하는 것이 보편화되어 왔다. 금수저로 태어났거나 저축을 많이 한 사람이 아니면 전세든, 월세든 내 집 마련하기는 쉽지 않았다. 그래서 대부분 사람들은 집은 없어도 승용차를 먼저 구입한다. 특히 조카는 합창단복이나 공연할 때 필요한 물품들을 가지고 다녀야 하니 대중교통은 힘들어서 일찍부터 소형차를 구입하여 출퇴근한다. 베이스 파트에서 노래하며 신장이 180cm 이상으로 몸이 건장하다. 오페라나 뮤지컬을 공연할 땐 주인공 역할도 많이 한단다.

그렇게 변함없이 다녔는데… 어느 날, 엄마에게 "나, 10월 1일에 결혼할 것 같아."라고 하여 깜짝 놀란 엄마는 "너, 애인 있었니?" 하고 물어보았다. 아들만 둘인 동생은 큰아들이 결혼할 것 같다는 말에 신기하기도 했으나, 엄마를 놀리는 소리 같아 실감나지가 않았단다. 평소에도 말이 없는 아들이지만 결혼 날짜까지 잡으면서 한 마디도 없는 아들이 몹시 야속했다. 그러나 나이 많은 아들의 결혼에는 이미 체념하고 있었던 터라 기분은 싫지 않았고 오히려 반가웠다. 그때부터 결혼 준비를 어떻게 하나 걱정되기도 하면서 아들에게 그동안 있었던 자초지종을 들어보게 되었다.

10년 가까이 솔리스트 알바로 뛰었던 교회 목사 사모님이 오랫동안 조카를 지켜보면서 마음에 들었는지 교회 행정실의 아가씨를 소개해 주었단다. 그 후 일 년 정도 사귀며 어찌될지 몰라 부모에게는 알리지 않았다고 했다. 그야말로 기쁜 일인데 어떻게 참았는지…, 입이 참 무겁다. 사회복지과를 나온 아가씨는 무남독녀 외딸이며, 아버지는 안 계시고 모친만 대구에서 산다고 한다. 형편도 비슷하여 이모저모 뜻이 잘 맞았나 보다.

청첩장이 나오면 이모한테 찾아뵙겠다고 하더니, 8월 어느 날, 우리 집에서 간단히 저녁을 먹으며 이야기를 나누게 되었다. 조카보다 여덟 살 아래인 아가씨는 날씬하고 예뻐서 "사진보다 예쁘구나!"라고 칭찬했다. 상냥하고 참하게 보이며, 말이 잘 통하는 아가씨다. 차를 마시며 나의 신혼 때 얘기도 간단히 들려주었고, 무슨 일이든 잘 계획하고 기록하면서 알뜰하게 살다 보면 집도 사고 잘 살 거라고 말했다.

처음부터 내 집에서 풍요로운 삶을 시작할 수 있으면 좋겠지만, 그러지 못할 때에는 맞벌이도 하면서 부족한 것 채우며 사는 것도 보람 있다고 했다. "이모부가 계셨으면 더 귀감이 되는 말씀을 해 주셨을 텐데…."라며 지난날 이모부의 부지런했던 활동도 얘기해 주다 보니, 남편의 빈자리가 너무 아쉽고 보고 싶었다. 알바이지만 꾸준히 성실하게 활동한 조카에게 하나님이 기특하여 보석 같은 아내를 맞이하게 해준 것이 아닌가! 조카와 아가씨는 정말 잘 어울리는 한 쌍의 신랑 신부이다.

조카 결혼식 덕분에 팬데믹으로 3년간 보지 못했던 친정 조카들을 모두 만나 볼 수 있어서 참으로 반가웠다. 특히 고인이 된 오빠와 여동생의 딸들을 보게 되니, 먼저 간 남매의 그리움에 가슴이 뭉클했다. 예식이 시작되어 신랑이 씩씩하게 입장하는데, 감격하여 또 울컥한다. 장가를 못 갈 줄 알았는데…, 조카를 가장 예뻐해 주시던 친정어머니가 계셨으면 얼마나 좋아하실까! 기쁘면서도 눈에 이슬이 맺힌다. 목사님이 주례를 서주셨고, 조카가 몸담고 있는 시립합창단이 「여덟 가지 복」이라는 노래와 「Oh! Happy Day!」를 웅장하고도 즐겁게 합창했다. 신랑인 조카도 중간에 솔로로 한 소절 부르니, 하객들이 박자에 맞춰 손뼉을 치며 감상하였다. 마치 콘서트홀에 온 느낌이었다.

예식이 모두 끝나고 식당에서 친척들이 한자리에 모여 식사하는데, 이리저리 보아도 모두 조카들뿐이고, 언니가 참석하지 않아 내가 제일 웃어른이다. 조카들은 "이모, 많이 드세요." 하며 나를 챙긴다. 시가에서나 친정 식구들이 모인 이 자리에서도 제일 웃어른이라고 생각하니, 어느새 이렇듯 윗자리에 올라왔나 하는 마음에 부담도 되고, 쓸쓸한 느낌마저 들었다.

부산에서 올라온 조카 내외는 그날 저녁 기차로 바로 내려간다고 하여, 그 조카에게만 편지 봉투 안에 여비와 짤막하게 쓴 글을 넣어 주었다.

> 사랑하는 조카에게!
> 내가 살아보니 세월이 그렇게 길지가 않더라.

사는 동안 건강하고 즐겁게 살아라.

몇 시간 후, 집에 도착한 조카는 "이모, 너무 고마워요. 책상 위에 이모의 글을 붙여 놓고 필리핀에 있는 두 딸에게도 이모의 고마운 마음을 전했어요."라고 한다. 다른 조카들은 아직 한쪽 부모가 생존해 계셔서 그렇게 외로운 줄을 모른다. 그 조카는 20대 후반에 부모를 여의고 근래에 하나뿐인 남동생마저 잃었으니, 혈혈단신으로 피붙이는 이모뿐이라 가엾어서 내 딸같이 생각한다. 그래서 통화할 적마다 "네 뒤에는 항상 이모가 있으니, 기죽지 말고 살아라." 하고 격려를 한다.

조카의 결혼식을 끝내고 집으로 오니, 모든 게 무사히 잘 끝났구나! 하는 안도감에 감사의 기도가 우러나온다. 시립합창단의 축가와 조카의 솔로로 화려하고 즐거운 결혼식이 되었다. 합창이 좋아 녹음한 축하곡을 친구들에게도 보내 주었다. 상쾌한 날씨에 국군의 날, 개천절, 한글날 등의 뜻있는 날과 조카의 결혼식까지 겹쳤으니, 역시 시월상달은 더없이 즐거운 달이다. 하늘은 높고 말이 살찐다는 '천고마비'의 계절에 보석 같은 신부를 만났으니, 아무쪼록 신랑 신부가 서로 아끼고, 오순도순 스위트홈을 꾸려가길 기원하는 이모의 마음이다.

"결혼 축하한다. 행복해라 파이팅!"

(2022. 10. 9.)

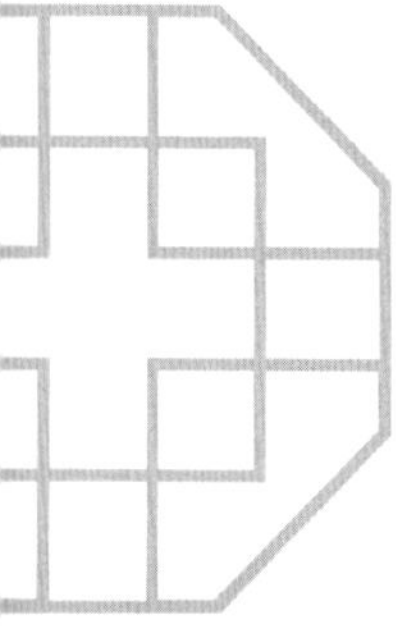
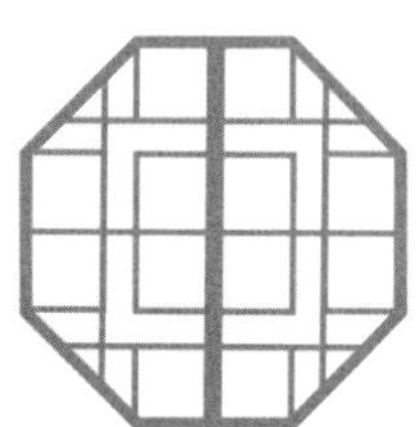
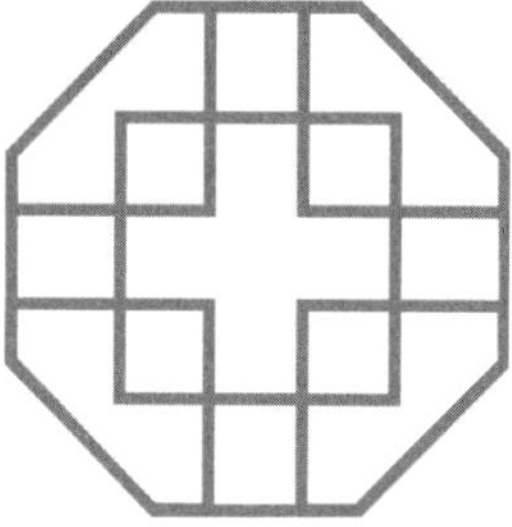

6

소소한 행복

어느 날인가부터 내 삶에 들어와

활기와 기쁨을 주는 것들로 인해 내 인생은 더욱 행복하다.

나이는 숫자다

아주 오래전, 부부동반으로 중국 관광을 다녀왔다. 북경에 있는 자금성, 만리장성 등을 관광하고, 마지막으로 상해에 왔다. 점심을 먹기 위해 한국 식당으로 들어갔는데, 아리랑과 한국 가요가 흘러 나와서 한국에 온 듯 정감이 갔다. 식당 종업원들은 모두 한복을 입고 서빙을 한다. 식사 후 차를 마시고 있을 때, 예쁜 한복 차림에 반짝거리는 빨간 아코디언을 멘 여자 4명이 들어왔다. 그들은 우리를 즐겁게 해 주기 위해 온 조선족들이란다. 아코디언으로 우리 가요들을 멋지게 연주하는데, 손놀림과 몸짓이 예사롭지가 않았다. 아코디언 소리가 이렇게 부드럽고 듣기 좋은 줄을 몰랐다. 그야말로 한눈에 반했다.

'한국에 돌아가면 아코디언을 꼭 배워보리라!'

마음속으로 다짐했다. 집에 와서도 아코디언을 인형처럼 가볍게 안고 살랑살랑 몸을 흔들며 연주하는 조선족 여자들이 아른거렸고, 구수하게 흘러나오는 가요들이 귀에서 맴돌았다. 그 후 바쁜 일정으로 정신없이 지내다 보니 꼭 배우겠다던 아코디언 생각은 점점 희석되어 잊고 있었다.

어느 날, 돈암초등학교 모임인 선배에게서 전화가 왔다.

"한 선생, 아코디언 배우지 않을래요?"

"예? 아코디언이요? 너무 좋아요."

뜻밖의 소리에 정신이 번쩍 났다. 그동안 잠시 잊고 있던 아코디언이 아닌가! '아, 이제야 아코디언 배울 기회가 왔구나!' 하는 생각에 가슴이 울렁거리며 기뻤다. 선배의 얘기를 들어보니, 영국에 사는 아들이 아코디언이 소리도 좋고 치매예방에도 도움이 된다고 배워 보라고 권했단다. 그래서 마음이 동했는데, 코로나와 오미크론으로 3년이 지나며 잊고 있었다고 했다. 그러던 어느 날, 신문에서 아코디언 학원 광고가 떠서 오려 두었다가 나에게 전화하신 것이다.

이왕이면 우리 모임이 같이 배우자고 돈암 모임 하는 날, 아코디언 이야기를 했다. 모두 반응이 좋았다. "배우기 어렵지 않을까? 너무 무겁지 않을까?" 하며 흥분된 말들을 했다. 이왕 말이 나왔으니 당장 가 보자고 하여, 모임을 일찍 끝내고 5명이 우르르 학원으로 몰려갔다. 모두 나이들을 잊었는지 소녀들 같았다. 대표님을 만나 인터뷰를 할 때, "정년퇴직을 한 초등학교 교사들입니다."라고 말했다. 대표님은 "선생님들은 악보를 보실 수 있으니 빨리 배우실 겁니다. 악보를 못 보는 사람들은 맨땅에 헤

고마운 친구

친구 수가 많을수록 행복지수가 높아진다고 한다. 그런데 친구에도 층이 있다. 그 당시는 몰랐어도 도움을 준 친구가 여럿이 있었다. 건강, 운동, 문화생활 등등, 어떤 친구를 만나는 가에 따라 차이가 크다. 공을 같이 치며 운동하다가 아주 친하게 된 친구가 있다. 그는 부지런하고 동작도 빠르며 신세 지고는 못 사는 사람이다. 그런가 하면 자기주장도 강하여 할 말을 서슴없이 다 한다. 문화생활도 스스로 찾아다니며 한다. 그와 같이 실버 영화도 자주 보러 가고 좋은 맛집에 가서 점심도 먹으며 재미있는 시간을 보냈다. 이웃에 살다 보니 저녁 식사 후에는 인근 학교 운동장을 걸으며 아주 가까워졌다.

2010년 3월, 친구는 느닷없이 고대 평생교육원 수필 창작반에 나가자고 한다. 글도 못 쓰는데 뭘…. 친구는 혼자 나가기가 계면쩍다고 졸랐다. 3월 3일에 개강했다며 계속 성화다. 3월 중순

딩하는 것 같아 오래 걸립니다."라며 65세 이상은 수강료를 50% 감해준다고 했다. 우리들은 이미 문화센터에서 하모니카를 배웠던 사람들이다. 작은 하모니카보다 몸체는 크지만 소리가 좋은 아코디언을 배우고 싶었던 것이다. 모두들 마음이 들떴지만, 생각해 보다가 형편에 따라 선배와 나만 등록했다.

학원에 등록 후, 한 달은 매일 와서 연습하라고 한다. 처음엔 악보를 보고 오른손으로 아코디언의 오른쪽 건반에서 멜로디를 연습해 보라고 했다. 일주일 후엔 왼손으로 아코디언의 왼쪽 베이스 버튼(Bass button)을 눌러 반주하는 법을 가르쳐 주었다. 학교에서 풍금을 많이 쳐봤기 때문에 오른손 건반은 수월할 것 같으나, 아코디언을 세워서 하는 것이라 그리 쉽지만은 않았다. 오른손보다는 왼손이 문제다. 특히 왼손가락의 약지가 중심이 되는데, 평소에는 잘 쓰지 않아서인지 힘이 없다. 음지가 양지 되어 빛을 본다더니, 하찮게 여겼던 약지 손가락이 왕자가 된 듯 중요한 자리를 차지한다. 베이스 버튼의 C를 중심으로 위 아래로 이동하면서 반주를 한다. 연습이 많이 필요하다.

옛날 젊었을 때, 골프 잘 치는 사람을 보고, 다시 태어나면 골프선수가 되고 싶다 했고, 피아노 잘 치는 사람을 보면 피아니스트가 되겠다고 말한 적이 있다. 옆에 있던 남편은 어떻게 하고 싶은 것을 다 하냐면서 한 가지만 하라고 했다. 또 언니는 하고 싶은 것이 많으니 먹고 싶은 것도 많겠다고 놀렸다. 사실은 음악, 체육, 미술 분야의 여러 가지 종목들을 모두 좋아하는 편이다. 그러나 좋아한다고 다 잘하는 것은 절대 아니고 부단한 노력이 있어야 한다. 아코디언도 마찬가지다.

지금 아코디언을 배워서 뭐하겠냐고 하겠지만, 그전부터 원하던 것이기에 한 번 도전해 보는 것이다. 사람들은 그 연세에 대단하다고 칭찬 같은 말을 하지만, 나이를 생각하면 아무것도 할 수가 없고 맥이 빠질 뿐이다. 50대가 80대처럼 무료하고 힘없이 사는 사람도 있고, 80대가 젊은이처럼 활발하게 사는 사람도 있으니, 나이가 무슨 의미가 있을까? 그저 나이는 숫자에 불과하다고 통과해 버리면 그만이다. 등록한 음악학원에 오케스트라부가 있어서 한 번 참관했다. 그 멤버 중에는 90세 넘은 어르신들이 몇 분 계신다 하니, 그분들이야말로 참 대단하다. 언제부터 시작했기에 베사메무쵸, 헝가리 무곡 같은 어려운 곡들을 연주할까? 궁금했다. 남자분 중에는 100세가 있었다 하여 더 놀라웠다. 악기를 다루면 두뇌가 젊어지는 걸까?

연말에는 아코디언 오케스트라부가 세종문화회관과 예술의 전당에서 공연을 한단다. 대표는 우리에게 열심히 해서 오케스트라부에 합류하라고 하신다. 그런데 오케스트라 연주를 보고 오히려 주눅이 들고, 어느 세월에 그렇게 할까 했는데, 대표는 충분히 할 수 있다고 용기를 주었다. 희망을 갖고 연습한 지 2주가 좀 넘자, 간단한 동요에는 화음을 넣어 반주할 수 있게 되어서 신기했다.

아코디언은 작은 것부터 큰 것까지 10단계가 있는데, 현재는 건반 32개, 베이스 버튼 32개가 달린 4번째 작은 것으로 연습한다. 아코디언은 보기에 예쁘고 간단해 보이지만 많이 무겁고, 양쪽 어깨에 메는 가죽 띠(Shoulder Straps)를 잘못 메면 어깨가 아프다. 바람을 열었다 닫았다 하며 소리를 조절하는 것도 쉽지가 않았다. 그러나 무거운 무게를 이기고, 바람을 여닫고, 베이스 버튼 누르기 등의 어려운 고비를 넘겨야 반주를 잘할 수 있겠다 하여 참아가며 연습한다. 90대의 어르신도 하는데…. '나도 할 수 있다!' 생각하며 희망을 가지고 도전해 본다.

하고 싶었던 악기를 배우면서 어렵지만 즐거웠다. 평생교육원에서 글을 쓰고, 피트니스에서 몸을 단련시켜 건강을 유지하며, 모임에 나가 옛 동료들과 허심탄회하게 스트레스도 풀며 사는 것이 행복이 아닌가! 보너스로 학업에 정진하는 손자 손녀들의 기쁜 소식도 듣는다. 살면서 희로애락이 반복되지만, 제멋대로 먹는 나이는 숫자에 불과하다. 하모니카에서 아코디언으로 업(up)되었으니 아코디언 연주를 잘하게 되면 가족들 앞에서 멋있게 연주하는 모습을 보여주고 싶다. 엄마요, 할머니인 나는 아직은 젊다고….

30년 전, 남편과 함께 들었던 상해의 아코디언 소리가 귓가를 스쳐간다. 거실 소파에 앉아 즐겁게 아코디언 연주하는 나의 모습을 상상해본다. 상상이 현실이 되길 바라면서 인생을 즐겁게 보내고 싶다.

(2023. 3. 15.)

실버타운에서

"간병인이세요?"

"아뇨."

"그럼, 부부세요?"

"예, 부부예요."

"어머! 부인이 너무 젊다! 아직 들어올 나이가 안 된 것 같은데, 벌써 들어왔네?"

그도 그럴 것이 우리 부부는 나이 차가 있는 데다가 남편은 많이 아파서 나이보다 훨씬 위로 보이고 나는 건강해서 아래로 보인다고 하니, 차이가 더 벌어져 보이는 것이다. 남편 친구 두 분과 점심을 먹기 위해 식당에 내려와 기다리던 중 80세쯤 되어 보이는 여자분이 말을 걸어왔던 것이다. 나를 간병인으로 알고 있어서 "아뇨, 우리는 부부예요."라고 얼떨결에 말하고 나서 생각하니, 나도 간병인인 것을…. 젊었을 때는 그렇게도 씩씩하고 건강해서 보기 좋았는데, 나이 차도 안 나 보였는데, 지금은 완전히 할아버지가 된 남편이 안쓰러웠다. 보는 사람마다 나만 젊다고 하니, 남편한테 못 해드려 병이 난 것 같아 마음이 편치 않았다.

낙상으로 치골이 부러진 남편은 20여 일간 병원에 입원하여 치료를 받았다. 휠체어도 타고 목발로 겨우 걸을 때 퇴원했다. 악몽 같은 병원생활에서 해방되어 다행이라 생각했다. 누워서 꼼짝도 못할 때, 남편의 손발이 되어 간병할 때도 어려웠지만, 더 고통스러운 것은 밤낮이 바뀌어 낮에는 자고 밤 2~3시에 휠체어를 타고 입원실 밖으로 나가자고 하는 것이었다. 목도리와 잠바를 걸치고 링거를 꽂은 채, 복도로 나갔다. 모두가 고이 잠든 한밤중, 모든 병실에는 불이 꺼지고 각 병동의 간호사들만 초롱초롱한 눈빛으로 사무를 보고 있었다. 1층으로 가서 전시해 놓은 그림들을 감상하고, 고요 속을 뚫고 병동마다 순회하며 병실로 돌아오면 새벽이 되었다.

집에 오니 고향에 돌아온 것처럼 마음이 편했다. 그러나 목발을 짚고 2층으로 오르내리기에는 환자가 몹시 힘들어했다. 생각난 것이 실버타운이었다. 서둘러 들어와 보니, 이곳이 노인들의 천국 같았다. 엘리베이터로 내려가 식사하고, 피트니스실에서 운동하고 목욕하니, 정말 편했다. 주 1회로 노래도 배우고, 영화도 본다. 골프 연습장, 수영장, 노래방, 탁구, 게이트볼 등 마음만 먹으면 얼마든지 취미생활을 할 수 있어서 좋았다.

그런데 첫 느낌과는 달리, 치매에 걸려 휠체어를 타고, 간병인 손에 실려 오고, 지팡이와 기구를 밀고 겨우 걷는 노인들을 보게 되니, 마음이 언짢았다. 그들은 여기가 마지막 삶의 종착역이자 운명할 곳으로 알고 찾아온 것 같아 가슴이 뭉클했다. 미래의 우리의 자화상이 아닐까 하는 생각도 들었다. 남편은 그들을 보면 기운이 없어진다고 말했고, 식사도 처음에는 괜찮다고 하더니 점점 맛이 없다고 하여 거의 집에서 해 먹었다. 또 남편 본인도 노인이지만, 다른 노인들을 보는 것을 힘들어했다. 여기 와서 모든 희망을 다 잃어버렸다고 하며, 빨리 집으로 돌아가자고 성화다. 1년 계약이니 조금만 참고 날이 따뜻해지면 도배나 하고 들어가자며 달랬다.

홀로 된 할아버지들은 부부가 입주한 것을 매우 부러워했다. 그래서인지 부부로 입주한 할아버지들이 모두 애처가처럼 보였다. 몸이 불편한 할머니의 식사를 담아서 갖다 주는 모습, 파킨슨병으로 휠체어를 탄 할머니에게 앞치마를 입혀주고, 수저를 들려주는 모습, 뒤뚱거리는 할머니 손을 꼭 잡고 걸어가는 모습은 사랑이 가득한 노부부의 아름다운 모습으로 보였다. 그들은 결혼할 때 많은 하객 앞에서 한 결혼 서약을 철저히 지키는 착한 남편들이 아닐까? 치매로 멍하니 앉아 있는 할머니는 남편이 세상을 떠났는데도 아무것도 모른다. 슬픔도, 가슴 아린 것도 느끼지 못하니, 본인으로서는 편하겠지? 오히려 옆에서 그 모습을 바라보는 사람이 더 슬프고 가슴 아팠다.

여기 들어와서 건강이 얼마나 중요한가를 뼈저리게 실감했다. 남편의 병고로 그동안 취미생활을 못하게 되어 속상했다고 했더니, 80세 되신 여자분은 한소리 하신다.

"그런 소리 하지 마. 남편 있는 것이 얼마나 큰 힘이 되는데… 그래도 있을 때가 가장 행복한 거야!"

너무 철없는 소리를 한 것 같아 뒤통수를 한 대 얻어맞은 느낌이다. 그분은 2년 전에 요양원에 있던 남편이 떠나고 홀로 되었다. 남편 간병으로 만신창이가 되었던 몸인데, 정신을 가다듬고 운동을 열심히 해서 이제는 아주 건강해져서 70대로 보인다. 간병하느라 힘이 들었지만 그래도 그때가 지금보다 더 좋았다고 하는 그분의 눈빛에서 그리움과 외로움을 보았다.

실버타운에 입주한 사람들을 보면, 60대는 청춘이고, 70대는 젊은이다. 80대가 제일 많고, 90대도 더러 있다. 부부가 건강해서 노후를 같이 즐긴다면, 얼마나 좋을까? 인생은 혼자 왔다가 혼자 간다지만, 그래도 여생을 함께할 수 있는 삶이 얼마나 중요한가를 깊이 생각하게 되었다. 황혼이 짙어갈수록, 재산도 명예도 건강을 능가할 수는 없다. 건강할 때 건강을 지키라는 말을 실감한다. 실버타운의 어르신들이 아무쪼록 삶이 다할 때까지 건강하길 바라는 마음이다.

"하나님 아버지, 남편과 여기 어르신들에게 건강 복을 내려 주옵소서!"

(2013. 4)

스포츠센터

제천 스포츠센터 화재 참사로 많은 사상자를 냈다는 뉴스가 크게 떴다. 제천의 경우는 119 불자동차도 늦게 왔고, 제일 많이 모여 있는 목욕탕에서 사람들이 빠져나갈 수가 없었단다. 그것은 비상구를 열 수 없도록 물건들로 막아놨기 때문이었다. 밖으로 나오려고 안간힘을 쓰다가 연기에 질식된 사망자가 아주 많았다고 했다.

30여 년을 헬스클럽 및 스포츠센터에 다닌 나로서는 충격이 컸다. 지금 다니던 스포츠센터가 수리를 하는 바람에 다른 곳으로 옮겨왔다. 이곳에 와서 제일 먼저 목욕탕이나 헬스실의 비상구 사정부터 알아보았다. 비상구가 시원하게 뚫려 있어서 안심이었다. 장소가 시내 한가운데 있다 보니, 점심시간에는 근처의 직장인들로 활기를 띤다. 이렇게 짧은 시간을 이용하여 열심히 운동하는 젊은이들을 보니, 우리나라의 앞날을 보는 것 같아 든든

한 마음마저 든다. 또한, 트레이너들은 보디빌딩 선수처럼 근육이 잘 발달하여 보기만 해도 힘이 솟는다. 외국인 트레이너는 자기 모습의 대형사진을 입간판에 세워 놓아 회원들의 눈길을 끌었다. 사진을 볼 때마다 근육을 키우고 싶은 마음이 들었다. 몸매가 아름다운 젊은 여자 회원들을 볼 때는 얼마나 운동을 하면 그런 몸매가 나올까 부럽기도 했다. 힘들여 만든 몸매를 유지하기 위해서 더 열심히 하는지도 모른다. 몸매가 예쁜 만큼 운동하는 자세도 바르다. 그런 사람들을 보며 희망을 가져본다. 회원 중에는 80세가 넘은 분도 있으며 나름대로 트랙을 걷고 자전거를 타는 등 열심히 노력하는 모습을 볼 수 있었다. 그들은 연세가 많아도 사는 날까지 건강하여 자녀들에게 귀찮은 존재가 되지 않게 하려는 마음일 거라는 생각이 든다.

전에 다니던 스포츠센터는 노인이 많았는데, 이곳은 젊은이들이 많아서 더욱 활기가 넘쳤다. 여기에서 매력 있는 운동이 스트레칭이다. 완전히 근육으로 잘 다져진 트레이너가 강사로 시범을 보이며 가르치는데, 잘 발달된 근육이 너무 신기했다. 언감생심 젊은 강사와 똑같이는 안 되더라도 노력은 해 보고 싶었다. 스트레칭은 경직되었던 몸을 부드럽게 풀어주는 운동인데, 처음이라 그런지 매우 어려웠다. 우선 중심 잡는 동작이 불안하고, 스쿼트 자세가 힘들며 쉴 새 없이 땀이 흐른다. 동작이 안 되어 쩔쩔맬 때, 자세를 바르게 고쳐 주며, "할 수 있어요!"라고 말하는 강사의 격려 소리에 힘이 솟는다.

어떤 때는 "회원님이 제일 자세가 좋아요."라는 말을 한다. '내 나이가 제일 많아서 격려 차원에서 하는 말이겠지….'라고 생각했다. 그런데 어느 날, 너무 힘든 것 같아 슬슬 하려고 앞에서 뒷자리로 옮겼더니, "뒤로 가시면 안 돼요."라고 한다. 앞자리에서 열심히 하는 모습을 보여줘야 한다는 뉘앙스로 들렸다. 이것 또한 칭찬이라 생각하고 다시 앞으로 왔다. 고통스러워도 "이것이 약이다, 열심히 하자." 하고 마음을 고쳐먹었다. 사실 앞에서 했던 것은 가까이에서 보며 잘 따라 하기 위해서였다.

이곳에선 스트레칭할 때에도 음악이 있다. 에어로빅이나 줌바 음악처럼 힘차고 경쾌한 음악이 아니라 조용하면서도 잔잔하고 때로는 빠르게 흐르는 팝송곡이다. 팔, 다리, 옆구리, 목을 늘여 주며 주로 허리를 펴주는 스쿼트 운동이 많다. 처음엔 스트레칭을 할 때 굳이 음악이 필요한가 생각했는데, 계속하다 보니 음악의 필요성을 알게 되었다. 스트레칭은 천천히 관절 마디마디를 늘여 주고, 접히고 늘어진 부분을 바르게 해주는 운동이라 매우 고통스러움이 따른다. 흘러나오는 음악을 들을 수 있어서 그런 고통을 참을 수 있는 것 같았다.

30년 이상 운동을 했으나, 에어로빅, 줌바 등 주로 뛰는 운동만 했고 오로지 체중 감량에만 목표를 두었던 것이다. 스트레칭만 하는 사람들을 보면, 음악도 없고 재미도 없는 운동을 왜 하나 생각했는데, 체험을 해 보니 역시 스트레칭은 우리 몸에 꼭 필요한 운동이라는 것을 알았다. 오랫동안 빠른 음악에 맞추어 뛰고 걷는 운동만 해서 근육은 많아졌으나 관절이나 오금 같은 곳이 굳어져 몸을 피고 늘이는 동작이 바르게 안 된다. “인내는 쓰나 열매는 달다.”라는 속담을 생각하며, 힘들어도 참고 강사를 따라 열심히 스트레칭을 한다. 에어로빅 이상으로 옷이 흠뻑 젖는다.

어떤 운동이든 꾸준히 할 때에 효과가 있고 보람도 느낄 수 있다. 이곳은 전에 운동하던 곳보다 운동기구들이 낙후되었어도 젊은 트레이너의 역동성으로 활력이 넘쳐나 운동할 의욕이 생긴다. 그래서 잠깐 하려고 왔었지만, 이곳에 정착하고 싶은 마음마저 든다. 세상만사 장단점이 없는 것이 없어서 이럴 때는 망설여지기도 했다. PT를 받아보니 예전에 혼자 운동할 때 기구 사용이 바르지 못했다는 것도 알게 되었고, 맨손 체조도 자세 교정을 받아서 하니 훨씬 효과가 있음을 알게 되었다. 운동도 이왕이면 제대로 알고 해야겠다는 생각이 들었다. 6개월 계약한 날짜가 다 되어 전에 운동하던 곳으로 가도 이곳 생각이 많이 날 것 같다.

체격 좋고 잘생긴 남자 트레이너들과 몸매와 얼굴이 예쁘고 착한 여자 트레이너들이 PT할 때 하나, 둘, 셋… 수를 세어주는 소리가 여기저기서 들린다. 아마 그들은 자다가도 숫자를 세지 않을까 하는 생각이 들었다. 운동을 도와주는 트레이너들이 PT 회원들이 없을 때는 자신의 운동을 아주 열심히 하는 것을 보았다. 아마도 다져진 근육을 지키려고 꾸준히 노력하는 것 같다. 세상에는 쉽게 그저 되는 것은 하나도 없다고 본다. 나이가 들면서 등도 굽고 근육이 빠져 근력이 줄어드는 것을 방지하기 위해 열심히 운동한다. 등산, 동네의 산책길, 개천가를 걷는 것 모두 좋으나, 추위나 더위 때에도 밤낮으로 빠지지 않고 운동할 수 있는 것은 역시 스포츠센터에 적을 두고 하는 것이 편리하다.

건강하려고 스포츠센터를 찾아온 사람들의 목숨을 앗아간 제천 스포츠센터 화재 참사도, 안전을 제일로 관리했더라면 그렇게 많은 인명피해는 없었을 것이라는 안타까운 마음이 들었다. 불이란 없으면 불편하고 있으면 위협을 당할 수도 있으니 자나 깨나 불조심에 대한 신경을 각별히 써야겠다. 어렸을 때 부르던 불조심 노래가 생각난다.

엄마가 불 때고 방에 온 뒤에 바람은 살며시 따라왔어요.
아궁이에 불씨를 살리려 해요 그러길래 꺼진 불도 다시 보랬죠.

(2018. 4. 11.)

하모니카와 실버타운

실버타운에 입주한 지도 오래되었다. 이곳에서는 노인들에게 삶의 질을 높여주고 즐거운 생활을 하도록 다양한 프로그램으로 행사를 벌이고 있다. 행사의 일환으로 일 년에 한 번씩 노래자랑을 하여 상장과 상품을 수여한다. 노인들에게 즐거움을 주기 위한 거라면 색다른 프로를 보여주는 것도 좋을 것이라고 생각되었다. 그래서 특기적성 교사로 하모니카와 크로마하프를 지도하던 선생님께 여기 실버타운에서 위문공연해 줄 것을 부탁했더니, 쾌히 승낙하면서 "선생님도 하모니카 독주로 한 곡 하세요."라고 한다. "그럴까요? 초보라서 무대에 설 만한 실력은 못 되는데…." 하면서도 하모니카 독주를 신청했다.

3월 노래자랑 하는 날, 어머니들로 구성된 하모니카와 크로마하프부가 함께 멋진 공연을 했다. 나도 조금 배운 실력으로 에델바이스, 아! 목동아, 낭랑 18세를 접속으로 불었다. 어르신들은 신기한 듯 손뼉으로 박자를 맞추며 모두 즐거운 모습이었다. 순서가 모두 끝나고 시상식에서 하모니카 연주를 한 나에게는 인기상이 돌아왔다. 다음 날부터 나에겐 '하모니카'란 별명이 붙었다. 사람들은 얼마나 배우면 그렇게 불 수 있느냐며 자기들도 배우고 싶다고 가르쳐 달란다. 무식하면 용감하다고 초보로 대중 앞에서 하모니카를 불었다는 것을 생각하면 부끄럽기 짝이 없다. 그러나 부족한 실력이지만 실버타운의 어르신들에게 잠시나마 즐거움을 선사했다고 생각하면 보람을 느끼기도 했다. 조금 배워서 많이 활용하는 것이 나의 장점일지도 모른다.

지난여름, 실버타운의 탁구 동호인 모임에서 우이동으로 나들이를 갔다. 아코디언 연주를 잘하시는 할아버지가 계셔서 분위기가 좋았고, 시원한 물에 발을 담그고 하모니카에 맞추어 노래를 부르며 아주 즐거운 시간을 가졌다. 목청 높여 부르는 노랫소리는 산골짝으로 울려 퍼졌고 시간 가는 줄을 모른다. 돌아갈 시간이 되어 아쉬움을 남기며 모두 버스에 승차했다. 기사 아저씨는 우리를 위해 가요를 틀었다. 그러나 이구동성으로 하모니카에 맞추어 노래 부르자고 하여 다시 하모니카를 불기 시작했다. 이분들은 과거 시절에 노래깨나 하시던 분들 같았다. 전주만 불어도 척척 알아서 합창을 하는 것이다. 얼마나 많은 곡을 불었는지 모른다.

어느덧 실버타운에 도착했다. 우이동에서 실버타운까지 그렇게 가까운 거리는 아닌데, 어르신들은 아쉬워서 더 갔으면 하는 마음들이다. 마냥 즐거워하는 모습이 천진난만한 어린아이들 같았다. 얼굴엔 살아온 흔적으로 얼룩졌지만, 마음은 아직도 순정이 있고, 동심이요, 청춘인 것을…. 오늘 산 좋고 물 좋은 우이동 산장에서 맛있는 음식을 먹고 노래도 맘껏 불러 소화가 다 됐다는 어르신들의 모습이다. 또한, 하모니카를 배운 것이 실버타운 노인들을 위해서인 것 같았다. 오늘 참석한 어르신들은 스트레스를 엄청 많이 풀고 돌아왔을 것으로 생각된다.

실버타운에 입주하는 사람들은 경제적인 여유가 있거나 자녀들이 효도 차원에서 이곳에 살도록 도와드린 분들이 많다. 비용이 만만치 않지만, 자녀들이 맞벌이 부부로 부모님을 못 모시는 형편에서 오신 분들도 있고, 싱글로 몸이 불편하여 기구를 끌고 겨우 다니니, 조석을 끓여 먹을 수가 없는 분들도 많다. 또 노부부 중에는 한쪽이 아픈 사람이라 시설이 다양한 이곳에 전세로 입주했다가 다시 이사 가는 분들도 있다. 집을 사서 입주한 사람은 마지막 생을 실버타운에서 마치기로 작정한 사람들이라 이동이 거의 없다.

이곳은 생활하기는 편리하나 이리 봐도 저리 봐도 노인과 기구를 끌고 다니는 사람들만 보게 되니 맥이 빠지기도 한다. 그래도 이곳에 온 사람들은 행복한 사람들이다. 오로지 자기 건강에만 신경 쓰면 되니까. 이분들의 하루 일과를 보면 차려 놓은 음식을 갖다먹고, 탁구, 헬스, 수영 등으로 운동하며 노래방에서 노래도 부르면서 즐겁게 산다.

노인들만 있는 곳이라 죽음의 소식도 자주 듣게 되나, 당연한 것처럼 별로 충격을 받지 않는다. 그래서 죽는다는 것에 대한 두려움이 없어지는 것 같았다. 이곳 노인들은 백세시대에 걸맞게 장애나 치매가 조금씩은 있으나, 90세 전후가 많다. 고령화 사회라고 말하기에 딱 맞는 곳이다.

3년 정도 살다 보니 가깝게 지내는 사람도 많고 새로운 친구도 생겼다. 이젠 어쩔 수 없이 나도 노인이 되었지만, 이곳 실버타운에서는 영계에 속한다. 아직 여기 들어올 나이가 아닌데 벌써 들어왔느냐고 말하는 사람도 있다. 노인 세계에서는 종심 중반에 있는 사람은 새색시에 속한다. 아무쪼록 실버타운 어르신들이 즐거운 삶을 누리시길 마음속으로 기원해 본다.

하모니카를 배워서 처음 발표한 곳이 이곳 실버타운의 무대다. 더 배워서 좋아하는 사람들에게 즐거움을 선사하고 싶다.

(2015. 2. 29.)

탁구 삼매경

요즘은 아침마다 탁구를 치면서 하루의 일과를 여는 것이 일상이 되었다. 운동으로 땀을 흘리면 몸도 가볍고 시원함을 체험하며 지내왔다. 그러나 운동이란 끊임없는 노력과 인내력을 발휘하는 자기와의 싸움이며, 꾸준히 해야 효과도 있다. 어떤 때는 컨디션이 좋지 않아 운동하기 싫을 때도 있다. 그럴 때마다 나 자신에게 묻는다. “너, 병원에 갈래? 운동할래?”라고 하며 마음을 고쳐먹는다. 주로 걷기와 자전거를 타는 유산소 운동과 스트레칭이다.

예전에 아이 다섯을 낳고 몸이 불어서 살을 빼기 위해 시작한 것이 에어로빅이었다. 경쾌한 음악을 들으며 하는 리듬체조이기에 너무 좋았다. 3개월 정도 열심히 하다 보니 체중이 내리기 시작했다. 재미도 있고 살도 빠지니 여성 전용 운동으로는 안성맞춤이라고 생각했다. 열심히 노력한 결과, 10여kg의 체중을 감량하게 되었다. 군살이 빠지니 예쁜 옷도 사 입을 수 있었다.

이제 나이도 많아지고 정년퇴직을 했다. 좋아했던 에어로빅은 격렬한 운동이라 삼가해야 된다고 한다. 마침 실버타운에 있을 때, 처음으로 라켓을 잡고 탁구를 치게 되었다. 처음엔 탁구공이 거의 사방으로 튀었다. 그것을 본 여자 한 분이 "탁구장에 가서 레슨 받고 오세요."라고 쏘아붙였다. 여기 있는 사람들은 6개월 내지 1년씩 레슨을 받고 왔다고 한다. 좀 무안하기도 했지만 '두고 봐라, 내가 훨씬 잘 칠 거야!' 하는 마음에서 시간만 있으면 탁구실에 가서 망에다 공을 날리며 혼자 연습을 했다. 탁구를 아주 잘 치는 젊은 박 선생이 탁구의 기본을 가르쳐 주며 거울을 보고 스윙 연습을 하라고 한다.

그 후 골프 연습을 하듯이 계속 연습했다. 몸은 약간 자세를 낮추고 라켓을 움직이지 않게 고정되게 잡는다. 팔꿈치를 될 수 있는 대로 옆구리에 붙이고 라켓을 약간 닫아서 왼쪽 눈썹까지 올려 거수경례하듯이 한다. 거울 앞에서 빈 스윙을 자꾸자꾸 연습했다. 발뒤꿈치는 살짝 들고 좌우로 움직이며 몸도 좌우로 회전하듯이 한다. 가끔씩 가르쳐 주는 박 선생은 운동신경이 좋고 유연하다며 좀 더 연습하면 잘 칠 거라고 격려까지 해 주어 고마웠다. 우선 재미가 있으니 아직은 전반적으로 많이 서툴지만 희망을 가지게 되었다.

탁구를 치기 시작한 지 넉 달이 좀 넘었다. 이제는 초보 수준에서 많이 향상되어 단식(Single)과 복식(Double) 게임도 한다. 탁구도 단계가 있다. 앞면으로 치는 화(Forward)와 뒷면을 사용하는 백(Back), 또 깎아서 치는 커트(Cut)가 있다. 그런데 '백'은 공이 날아오는 방향을 보면 저절로 될 때가 있고 시합을 하다 보니 '커트'의 자세도 나도 모르게 나온다. 탁구를 테이블 테니스(Table Tennis)라고 하며 세게 치는 스매싱(Smashing)을 할 때는 너무 신이 나고 재미있었다.

여기는 실버타운의 탁구 동호인 모임이 있는데, 80대 노인들까지도 많이 즐긴다. 레슨 받고 오래 친 분들이라 탁구 실력이 모두 좋다. 연세들이 많아 2~30분 정도 치고는 잠깐 쉬며 충전을 한다. 나는 재미가 있어서 한 시간도 좋고 두 시간도 좋다. 사람들은 어디서 그렇게 힘이 나느냐고 탁구 천재(?)가 나왔다고 한다. 그러면서 충전도 안 하고 계속 친다고 24시간짜리라고 놀리기도 했다.

요즘은 탁구의 매력에 푹 빠져 단식, 복식으로 시합을 자주 한다. 잘 쳐도 웃고 실수해도 웃는다. 하루의 웃을 양을 아침에 다 해결한다. 오로지 탁구로 모든 운동을 끝내는 양, 땀에 겉옷까지 젖는다. 이렇게 재미있는 탁구를 왜 진작 몰랐던가 할 정도로 탁구가 좋았다. 한동안 골프가 좋아 필드에 자주 나갈 때처럼 탁구 또한 골프 이상으로 취미가 생겼다.

탁구를 오래 친 친구가 복식으로 치다가 주저앉아 꼬리뼈가 부러져 3년 이상 고생을 하고도 또 친다. 집에서 꼼짝 못하고 누워 있을 때 "이제 탁구 그만 쳐."라고 했던 내가 그 친구를 이해하게 되었다. 얼마나 탁구가 좋았으면 지금도 허리가 아프다고 하면서도 계속 치겠는가. 내가 해 보니 마약같이 하루도 안 치면 좀이 쑤시는 것 같았다. 앞으로 얼마나 칠지는 몰라도 늦게나마 탁구를 접하게 되어 너무 고맙고 감사할 뿐이다.

골프를 처음 배울 때는 눈 감으면 골프공이 왔다 갔다 하더니, 이제는 탁구공이 왔다 갔다 한다. 탁구는 나이가 많아도 부담 없는 운동이라고 본다. 86세 되신 여자분이 매일 탁구를 치며 즐거워하는 모습을 보면서 십여 년 후, 나도 저렇게 탁구를 칠 수 있을까 생각하며 희망을 가져본다.

이제 탁구는 옛날의 에어로빅처럼 나의 일상에서 빼놓을 수 없는 프로그램이 되었다. 가볍고 조그만 공이 날아갈 때, 골프공 못지않게 매력을 느껴 자꾸만 치고 싶다. 아마도 탁구 삼매경에 푹 빠졌나 보다. 이러다가 내가 배구는 물론 축구, 여자 레슬링까지도 도전하게 되는 게 아닐까? 심히 걱정된다. 오늘 아침에도 눈을 뜨자마자 역시 탁구실로 내려갈 즐거움에 행동이 빨라진다.

(2015. 4.)

기다림

거리가 크리스마스 장식으로 휘황찬란하다. 코로나19에 지친 마음을 달래주는 것 같아 가슴이 따뜻해지며 움츠렸던 어깨가 쫙 펴지는 기분이다. 올해 크리스마스 선물이 코로나19의 종식이었으면 좋겠다는 마음으로 성탄절을 기다리는 요즘이다. 기다림에는 희망과 절망이 반복될 수도 있고, 때에 따라서는 인내가 필요하기도 하며, 이는 영원할 수도 있다.

하루는 딸, 사위와 홈플러스에 갔다가 꽃가게 앞을 지나게 되었다. 화분에 있는 예쁜 꽃들과 싱싱한 나무들이 보기 좋았다. 집수리 때 짐들을 창고에 맡기면서 화분들도 딸네에 옮기거나 내놓았다. 그 후에 짐들은 들여왔으나 화분은 가져오지 않았다. 물 주는 것도 잊을 때가 있어서 시드는 것을 보면 마음이 짠하고 일거리라 생각되었던 것이다. 화분 있던 자리가 휑하기는 했으나, 걸리적거리는 것이 없어서 청소하기도 좋고 시원했다.

그러나 얼마쯤 지내다 보니 집안에 화초가 하나도 없어 삭막한 느낌이 들었다. 하나 살까 하고 망설였다. 푸른 잎이 30cm 정도 되는 파키라 나무와 작은 벤자민 고무나무 화분 두 개를 샀다. 너무 작아서 "언제나 클까?" 하고 작은 소리로 말했더니 꽃집 주인은 일주일에 한 번 물만 주면 잘 자란다고 한다. 일러준 대로 물 주며 얼른 크기를 기다렸다. 줄기 사이에서 연한 새 잎이 나오며 이파리 식구들이 늘어나니 바라보는 재미가 쏠쏠하여 기다리는 것이 급할 것도 없고 초조하지도 않았다. 그러고 보니 인생은 기다림의 연속이라는 말이 틀린 것도 아니다.

6학년 여름 방학 때의 일이다. 엄마가 부산에서 사업을 하시는 외삼촌댁에 한 달 정도 일을 도와주러 가신 적이 있었다. 엄마가 없는 동안 아버지, 오빠, 동생들의 밥과 빨래 등 집안일을 하면서 지내다 보니 하루가 금방 갔다. 친구들과 놀지도 못하고 집안일만 하니 점점 짜증도 나고 힘이 들었다. 엄마 오실 날만 손꼽아 기다리고 또 기다렸다. 오신다는 날보다 늦었지만, 드디어 엄마가 오셨다. 나도 모르게 엄마 품에 안겨 펑펑 울었다. 반갑고 기뻐서보다 엄마 없는 동안 너무 힘들었던 설움에 엄마를 보자마자 눈물이 왈칵 쏟아졌던 것이다. 엄마는 "나 없는 동안 고생 많이 했구나! 이젠 엄마가 왔으니 걱정 말아라." 하시는데, 그 말이 어찌나 포근하고 따뜻했던지…. 무엇으로도 표현할 수 없이 든든했다. 기다리는 것이 애가 타면서도 희망이 있었고, 오셨을 때에는 큰일을 끝낸 것처럼 후련하기도 했다. 엄마가 오셨으니 힘이 나고 무엇이든 다 할 것만 같았다.

아버지도 그런 기다림의 시간을 오래 견디셨다. 아버지는 먼저 월남하셔서 북에 있는 우리를 데려오려고 안내자를 몇 번이고 보냈지만, 아무 소식이 없었다. 안내자를 보낼 적마다 눈 빠지게 기다렸다. 3년이 다 되어 아버지는 강화도 어느 절에서 하룻밤을 묵고 내려오다가 길가에 자리를 깔고 점을 치는 할아버지를 만나게 되어 답답한 마음에 점을 보았단다.

"언제나 가족들을 만날 수 있을까요?"

"금년 추석이 지나면 가족 상봉을 하겠습니다. 그런데 한 사람이 떨어지겠네요."

아버지의 질문에 그 할아버지는 책자를 들여다보고 한참 있더니 무릎을 탁 치면서 이렇게 답하셨다. 만난다는 말을 들어 기쁘기는 했지만 '한 사람이 떨어진다니?' 이상하다 생각했지만, 그래도 '애쓰고 기다린 보람이 있구나!' 하며 힘이 저절로 났다고 하셨다. 38선이 이미 가로막힌 이북에 있는 가족들과 상봉한다는 말이 꿈만 같이 들렸던 것이다. 6·25 때 헤어진 가족을 그리워하며 오로지 데려와야 한다는 신념 하나로 온갖 고생을 참고 견디어 왔다. 3년이란 긴 세월을 포기하지 않고 기다리고 기다렸던 아버지다.

기다림의 종류는 다양하다. 느긋하게 기다릴 수 있는 일이 있고 애타게 기다릴 수밖에 없는 일이 있다. 결혼 초 신혼살림을 할 때다. 저녁 밥상을 차려 놓고 남편의 퇴근을 기다렸는데 시간이 많이 지나도 오지 않았다. 속을 끓이다가 '아니 무슨 일이 생겼나?' 걱정이 되어 안절부절못하며 기다리기도 했다.

기다림 중에는 희망과 기쁨이 있는 것도 있다. 아이가 태어날 때까지 산모가 기대감을 가지고 기다리는 것이 그중 하나일 것이다. 이십 대에 아이가 태어나기를 기다릴 때의 일이 떠오른다. 출산 때까지는 별별 생각을 다 하는 기다림의 시간이다. 남아일까? 여아일까? 손가락 발가락은 정상일까? 눈 짝짝이는 아닐까? 등등으로 걱정 아닌 걱정도 하며, 나중에는 예쁘고 튼튼한 아기를 낳아야 한다고 예쁜 아이 그림도 보고 비타민, 칼슘 같은 영양제를 매일 먹었던 생각이 난다. 임신 중 태교를 위해 좋은 음악을 듣고, 독서를 하며, 좋은 생각을 하면서 보내는 기다림은 귀한 새 생명이 천천히 자라는 기간을 충만하게 채워주는 기분 좋은 시간이기도 하다.

그런가 하면, 기다림에는 막연하게 기다리다 지쳐서 세상을 하직하는 안타까운 경우도 있다. 막연한 기다림은 기한이 없기에 더 어렵다. 잃어버린 자식을 찾으려고 현수막에 사진과 이름을 올려 놓고 찾아주는 사람에게 사례한다 하며 온갖 방법을 동원하여 애타게 기다리는 사람들, 남북 이산가족이 되어 죽기 전에 한 번이라도 더 만나고 싶어 가족 상봉의 날을 기다리는 사람들, 고향을 떠나온 실향민들이 통일의 그날을 막연히 기다리다가 힘없이 돌아가신 분들이 얼마나 많은가? 우리 부모님도 그중의 한 사람으로서 그렇게 기다리다 돌아가셨기에 그 기다림 중에 얼마나 많은 눈물이 있었는지 알고 있다.

지금 코앞에 닥친 우리 국민의 한결같은 기다림은 무엇일까? 코로나19가 빨리 종식되기를 기다리는 것은 두말할 것도 없고, 정말 중요한 기다림은 내년 3월 9일에 있는 대선을 바라보며 철저하게 부정선거를 막고 소신껏 투표하여 올바른 대통령이 선출되기 바라는 기다림일 것이다.

화초가 커가는 것을 보는 느긋한 기다림, 환자가 쾌유하기를 바라는 초조한 기다림, 직장에서 돌아오는 아빠를 반기는 기다림, 귀여운 자녀들이 학교 공부 마치고 무사히 돌아오길 바라는 엄마의 기다림 등등. 모두 희망이 있는 기다림이다. 이루기 어려운 막연한 기다림도 언젠가는 이루어질 확률이 아주 없는 것은 아니니, 그 또한 희망찬 기다림이라고 볼 수 있다.

그래서 기다리는 사람이 있다는 것은 행복이고, 행복의 연속이라고 할 수 있겠다. 예수님의 재림을 기다리듯이 우리의 생활은 기다림의 연속이라고 해도 과언이 아니다.

기다림, 이 또한 희망이 아니겠는가?

(2021. 12. 8.)

시동 꺼지면 절대 안 돼

코로나로 모든 모임이 취소되고 답답했던 시기에 동창 몇 명이 얼굴 한번 보자는 전화가 왔다. 제기동의 반회장, 서초동의 경숙, 용인에 사는 청자 이렇게 네 사람이 만나기로 했다. 모두 동창 골프 동호인들이다. 운전을 잘하는 청자는 용인에서 오다가 경숙이를 태워 같이 오기로 했고, 만남의 장소는 중화요리를 잘하는 고대 근처에 있는 중식당이다.

2년 만에 만났기에 그동안 지내온 이야기가 많았다. 즐겁게 둥근 식탁을 돌려가며 요리를 먹었다. 멀리서 온 청자와 반회장은 스크린 골프를 자주 하며 지냈다고 했다. 해남, 일동 등 여러 골프장을 다니며 즐겁게 골프 치던 이야기들로 시간이 많이 흘렀다. 모처럼 우리 동네에 왔으니, 우리 집에 가서 차 한잔하자고 하며 주차장으로 나왔다. 청자는 주차장에 차가 많아서 기계주차를 했던 것이다. 그런데 기계 주차문이 고장이 나서 아무리

기다려도 문이 열리지를 않는다. 식당 사장은 다시 홀로 들어가서 차를 마시며 기다리란다. 홀에서 한 시간이 지나도 연락이 없다. 문을 고치는 사람이 늦게 와서 한참 걸릴 거라고 하여 우리들은 택시를 타고 우리 집으로 왔다. 반회장은 약속이 있다며 먼저 가 버렸다. "기계 주차문을 고치면 차를 댁까지 갖다 드리겠습니다. 염려 말고 집에 가서 계십시오."라고 하는 식당 사장의 말을 믿고 우리는 집으로 왔다. 과일도 먹고 차를 마시며 이런저런 얘기를 하는 동안, 시간은 또 그렇게 많이 흘러갔다.

집이 먼 청자가 점점 걱정이 되어 중식당 사장에게 몇 번씩 전화를 했는데, 조금만 더 기다리란다. 기계 주차문을 고치기가 어려운 것 같은 느낌이 들어, "청자야, 우리 집에서 자고 내일 가면 안 되겠니?"라고 했다. 그 말을 하자마자 중식당 사장한테서 전화가 왔다, 지금 차를 가지고 가니 가실 준비를 하고 나오시라고 한다. 청자는 "하마터면 외박할 뻔했잖아? 그러나 다행이야." 하며 밖으로 나갔다. 외박하면 식구들의 걱정은 어쩌라고…. 좀 있으니 차가 도착했다. 식당 사장은 죄송하게 됐다며 운전석에서 내렸다. 청자와 경숙이는 늦었다고 아무 말 없이 차에 타고 빠이빠이 하며 곧장 떠났다. 식당 사장도 가고, 나도 집으로 들어와서 후유 하고 숨을 크게 쉬었다. 그래도 잘 먹고 잘 놀다 가서 다행이다.

그런데 30분쯤 지났을까? 청자한테서 전화가 왔다.

"혜정아, 그분이 차 키를 안 줬어."

"뭐라고? 지금 어디쯤인데?"

서초동에서 경숙이를 내려 줬는데, 다시 되돌아오기도 멀고, 용인으로 그냥 가자니 거리가 많이 남았다고 한다. 가다가 시동이라도 꺼지면 어떡하나 걱정하는데, 청자는 그냥 용인으로 가겠다고 한다. 그러면 휴게소에는 들르지도 말고 곧장 가라고 했다. 시동 꺼트리지 않고 잘 가야 할 텐데 하며 집안으로 들어오니, 금방 식당 사장이 뒤따라와 자기도 어이가 없는지 "허허" 하고 웃는다. 아까는 깜빡하고 차 키 드리는 걸 잊었다며 죄송하다고 주머니에서 꺼내 주었다. 버스 떠나고 손 흔드는 격이 되고 말았다. 시간이 많이 갔다고 급하게 서두름으로 저지른 웃지 못할 실수다. 청자가 집에 도착했다는 전화를 받기 전까지는 안절부절 마음 졸여 아무 일도 못했다.

한 시간쯤 뒤에 잘 도착했다는 청자의 명랑한 소리가 전화를 타고 들려왔다. 그제야 긴장이 풀리며 마음을 놓을 수 있었다. 용케도 시동을 꺼트리지 않고 용인 집까지 잘 도착했구나! 정말 고마웠다. 차 키 없이 운전한다고 생각하면 얼마나 불안하고 겁이 났을까? 그러고 보면 청자는 침착성을 잃지 않고 운전을 잘하고 간 것 같다. 친구들 보고 싶다고 우리 동네까지 오라고 했던 내가 잘못한 일인가? 어찌됐든 잘 갔으니 다행이다. 시동이 꺼져 길에 서 있게 되면 어쩌나 하고 얼마나 걱정했던가!

'청자야 시동 꺼지면 절대 안 돼, 제발 시동 꺼트리지 마라.'

간절히 바라고 기도를 했다. 집까지 잘 갔으니, 감사하고 또 감사하다. "급할수록 돌아가라"는 말이 있다. 차를 인계받았을 때 늦었다고 출발하기에만 급급하지 말고 차 키부터 챙기고, 차가 이상이 없나, 또 빠뜨린 것은 없나 꼼꼼히 살펴보았더라면 마음 졸이는 고생은 안 했을 것이다.

친구들 만나서 맛있는 것도 먹으며 회포도 풀고 좋았는데, 그놈의 기계 주차문이 고장 나는 바람에 시간이 많이 걸렸고, 더구나 식당 사장의 깜빡 정신으로 차 키를 받지 못해 일어난 사건이었다. 그다음에도 우리는 만나면, 차 키 없이 용인까지 운전하고 간 청자의 운전 실력이 대단하다고 칭찬했고, 그때의 일은 큰 추억이 되었다. 만일 중간에 시동이 꺼졌다면? 생각하기조차 아찔하다. 청자가 차 키 없이 운전한 이야기는 두고두고 추억이 되어 웃음으로 이어질 것이다. 식당 사장한테 돌려받은 차 키는 그다음 날 등기우편으로 보내 주었고, 한참 동안 긴장했던 사건이라 인생의 한 페이지가 넘어간 듯했다.

(2022. 3. 30.)

운동하고 올게, 집 잘 보고 있어!

가방에 물병, 간식, 수영복을 챙기며 분주하게 왔다 갔다 하는 것을 보고 외출하려는 것을 아는 사랑이다. 그저 나의 행동을 주시하고, 자기 밥그릇과 물그릇에 점심을 넉넉히 채워 놓아도 관심 없는 듯, 나만 지켜보고 있다.

사랑이 방석을 현관 앞에 놓고 그 위에 앉혔다. 잠시도 가만히 있지 않고 졸졸 따라다녔는데, 방석에 앉아서는 나대지도 않고 체념한 듯, 까만 눈을 동그랗게 뜨고 조용히 나를 본다.

"사랑아, 할머니 운동하고 올게, 집 잘 보고 있어!"

머리를 몇 번 쓰다듬어 주면서 이렇게 말하면, 알아들었다는 듯이 꼼짝 않고 쳐다보는 사랑이의 눈이 초롱초롱하다. 중문을 조금 열어 놓고 현관을 나갈 때까지 가만히 보고만 있다. 꼭 아기를 두고 나오는 기분이어서 마음이 짠했다.

딸이 미국에 다녀오는 동안 사랑이를 나에게 맡기고 갔다. 2

년 전에 집수리 관계로 딸네 집에 잠시 있었기에 사랑이와 나는 구면이어서 낯설어 하지는 않는다. 운동하면서도 사랑이가 걱정이 되어 운동 끝나자마자 부지런히 돌아왔다. 내 발자국 소리를 알았는지 현관문 가까이 오니, 철문을 달달달 긁는 소리가 난다. 문을 열자마자 뛰어나와 발등을 핥고 뛰어 오르며 몸을 발랑 뒤집기도 하면서 따라 다닌다. 아니, 이렇게도 반가울까? 정이 안 갈 수가 없다. 준비해 준 밥과 물은 건드리지도 않았다. 배가 고팠을 텐데 집을 지키느라 참았나? 내가 오니 그제야 안심이 되었는지 밥도 먹고 물도 먹는다. 사랑이는 알레르기가 있어서 간식은 절대로 주지 말란다. 과일이라도 먹으려면 빤히 쳐다보고 입맛을 다시니, 어쩔 수 없이 돌아서서 일하는 척하며 모르게 먹는다. 집안에서는 나의 일거일동을 잠잘 때까지 따라다녀서 모두 빠삭하게 안다.

주방에도, 베란다에도 심지어는 화장실까지도 따라온다. 잠시 쉬려고 의자에 앉아 있으면 공을 물고 와 내 앞에 툭 던지고 놀아 달라는 표정이다. 공을 던져 주면 재빨리 뛰어가서 물고 온다. 운동도 시킬 겸 이리저리 한참을 던져 주다 보면 사랑이도 숨이 차는지 혀를 내밀고 해해거리며 웃는다. 동물들도 웃는다는 걸 사랑이를 보고 알았다.

산책을 시키려고 목줄을 두 손으로 잡고 있으면 밖에 나가는 줄 알고 좋아서 목줄 안으로 머리를 쏙 집어넣고 발도 발걸이 안으로 쑥쑥 넣어 목줄 매는 것이 어렵지 않았다. 참 기특하다.

그런데 막상 현관문 밖에 나가서는 더 이상 안 가려고 버틴다. 다른 강아지들은 목줄을 매고 잘도 산책을 한다. 사랑이에게도 바깥바람 쐬어주며 기분 전환해 주려고 나왔는데…. 사랑이를 안고 가까운 놀이터에 가서 내려놓았다. 내 옆에 붙어서 아이들만 쳐다본다. 산책시키기는 틀렸다 싶어 "사랑아, 집에 가자." 하니 목줄이 당기도록 달음질쳐서 현관 앞에서 문 열어주기를 기다린다. 목줄 놓칠까 봐 헉헉대며 따라왔다. 딸에게 카톡으로 사랑이 산책을 실패했다고 하니, 사랑이는 밖에 나가 차 타고 가는 것을 좋아하고 걸어서 나갈 때는 집에서 멀리 가는 것을 싫어한다고 했다. 집만 좋아해서 '집순이'라고 한다.

날씨가 더워 사랑이가 더위 먹을까 봐 한낮에는 에어컨도 켜 주고, 너무 더울 때는 목욕을 시켜준다. 사랑이를 욕조 안에 세워 놓고, 강아지 샴푸로 거품을 내어서 털과 몸뚱이를 꼼꼼히 문지른 후, 샤워기로 헹궈 주면 시원한지 가만히 있다. 수건으로 털어 주고 드라이기로 말려 주고, 끝으로는 선풍기 바람으로 보송보송하게 한 후, 빗으로 빗어 준다. 털이 부드럽고 사랑이가 더 예뻐졌다. 여자라 그런지 예쁜 옷을 입혀 주고 아름답게 꾸며 주는 것을 좋아한다. 사랑이는 엄마같이 푸근하게 느꼈는지 내가 하는 대로 자기 몸을 다 맡긴다.

특히 사랑이가 신기한 것은 피아노를 칠 때마다 곁에 와서 앞발로 턱을 괴고 연주가 끝나도록 엎드려 있다가 내가 일어나면 같이 일어난다. 음악 감상이라도 하고 있었을까? 또 내가 좀 쉬려고 의자에 앉아 있으면, 영락없이 공이나 장난감을 내 앞에 던져놓고 던지라고 툴툴거린다. 일하는지, 놀고 있는지를 구별하는 것 같다. 책을 보거나, 글을 쓰거나, 청소나 피아노를 칠 때에는 일하는 것으로 알고, 두 손 놓고 멍하니 앉아 있으면 노는 것으로 아는 모양이다. 푸들이 IQ가 높다더니 사랑이는 정말 영리하다. 밤이 깊어 "사랑아, 이제 그만 자자."고 하면 안방으로 들어가 방석에서 턱을 괴고 있다가 슬그머니 침대로 올라와 내 발밑에서 잔다. 자다가도 무슨 소리가 나면, 잽싸게 마루로 튀어 나가 멍멍 짖는다. "사랑아, 그만해!" 하면 조용히 들어와 방석에 눕는다. 아침에 보면 내 발밑에서 자고 있다.

어느 날 외출에서 돌아오는데, 우리 아파트에 사는 여자분이 유모차에 강아지를 태우고 가기에 이상해서 물어보았다. 강아지가 디스크 수술을 해서 걷다, 태우다 하며 산책시키라는 수의사 말대로 한단다. 몇 달이 지난 후에도 계속 유모차를 태우고 다녀서, '언제까지 그리할 건가?' 하는 마음에 또 물어보았다. 디스크가 더 심해져서 재수술을 했다고 한다. 한 번 수술하는데 500만 원의 비용이 들었으며, 재수술까지 1,000만 원이 들었단다. 강아지도 식구이니, 끝까지 치료해주겠다고 한다. "그렇지요, 강아지도 생명이 있으니…."라고 말했다. 사람들은 어처구니없다고 말할지 모르나, 보름 동안 사랑이를 데리고 있어 본 나는 그 심정을 충분히 이해할 수 있었다.

같은 아파트의 또 다른 여자분은 강아지보다 훨씬 큰 두 마리의 개를 큰 유모차에 싣고 오는데, 그 폼이 힘들어 보인다. '두 마리씩이나?' 의아해서 물어보니, 12년 동안 키운 쌍둥이인데, 노화로 걷지를 못해서 이렇게라도 산책을 시킨다고 한다. 반려견에 대한 사랑이 참으로 대단하다고 칭찬했다. 고령화 시대에 노부모 병환에도 이렇게 지극 정성이라면 얼마나 세상이 아름다워질까!

디스크로 수술한 강아지나 늙어서 걷지 못하는 쌍둥이 개들은 마음 넉넉한 주인을 만나 다행히 치료도 받고 사랑을 듬뿍 받으니, 개 팔자가 상팔자가 아닌가? 그런데, 따지고 보면, 그 개들도 젊은 날 아프지 않았을 땐, 이미 주인에게 기쁨과 즐거움을 선사했을 터이니, 주인에게 충견으로 기여한 보상이 아닐까 하는 생각이 들었다. 주인과 반려견은 서로 상부상조하면서 좋은 연을 맺으며 살아왔을 것이 아닌가!

밖에 나갔다 돌아오면 정신없이 반기는 사랑이를 보면서, 귀엽고 사랑스러워 저절로 웃음이 나고 말을 하게 된다. 바쁘지 않으면 사랑이 같은 강아지 한 마리쯤 키우는 것도 좋겠다. 대화는 못 해도 말을 알아들으니 답답하지 않고 서로 의지가 된다. 놀아주기도 하며, 밥도 챙겨 주고, 목욕도 시켜 주면서, 웃을 수 있는 기회가 많아 즐겁다. 딸네가 사랑이를 입양하면서 말이 없던 막내아들이 명랑해졌고, 즐겁고 화기애애한 가정 분위기가 되었다고 한다. 홀로 사는 할머니들도 강아지를 키우면 외롭지 않아서 좋을 것 같다.

미국 갔던 딸이 돌아와서 하는 말이 사랑이가 더 똘똘해지고 활발해졌다고 한다. “그야, 내가 술래잡기도 하고, 공 던지기도 하며 즐겁게 놀아줘서 그렇지! 그 덕에 나도 즐거웠다. 너도 바쁘지만 놀아주며 키워라.”고 하니, 사랑이가 엄마의 기를 받아서 명랑하고 활달해진 것 같다며, 이담에 일이 있을 때 사랑이를 또 봐 달라고 한다. “그런 소리 말아라! 알게 모르게 얼마나 신경 썼는지 아니? 네가 좋은 버릇으로 사랑이를 잘 키운 것은 인정한다.” 사랑이는 널려 있는 물건들을 건드리지도 않고, 해치거나 찢거나 하는 일은 전혀 없으니, 강아지치고는 제법 예의도 있고 위생관념도 있어서 깨끗하다. 그래서 더 귀엽다. 사랑이가 제일 사랑스러울 때는 외출할 때마다 내가 하는 말을 진중하게 잘 들을 때이다. 사람 못난 것은 개만도 못하다는 말이 생각난다.

“사랑아, 할머니 운동하고 올게, 집 잘 보고 있어!”

잠꼬대라도 할 것 같다.

(2022. 9. 28.)

그리움, 희망을 함께 노래하는 수필

오경자
(국제PEN한국본부 부이사장, 문학평론가)

사람이 한세상 살아가는 것이 어느 누구에게만 특별히 다른 것이 있을까? 각각 다를 것 같아 보이지만 깊이 들어가 보면 상황들이 다를지언정 큰 틀의 모양새는 거기서 거기가 아닐까 싶다. 굴곡이 있고 우여곡절도 있고 오르고 내려가며 살아간다. 이런 일들을 그저 그러려니 하면서 묵묵히 살아가는 것이 보통 사람들이고 그런 것들의 모서리나 정점들을 그냥 보아 넘기지 못해서 글로, 그림으로, 몸짓으로, 여러 방법으로 그려내야 직성이 풀리는 사람들을 예술가들이라고 하면 지나친 말이 되려나?

수필은 이런 인생의 단면들을 자기 체험이라는 거울을 통해 들여다보고 거기서 글감을 찾아내 3,000자 내외의 길이로 써내는 문학작품이다. 그 짧은 지면에 작가가 꼭 전하고 싶은 이야기의 요점을 콕 집어 잘 포함해야 하고 그것을 두드러지게 전하기 위해 한데 버무려야 한다. 자기체험이 빠지면 그저 상념의 나열에 그치게 되어 웬만한 농필이 아니면 독자에게 감동으로 다가갈 수 없게 된다.

수필의 이런 특성을 잘 살려야 좋은 작품을 완성할 수 있기에 수필 쓰기는 어느 문학 장르보다도 더 힘든 작업이다. 수필가 한혜정은 자신의 체험에서 글을 풀어내기 시작하는 일에 낯섦이 없는 작가이다.

솔직하고 담백하게

평생 교직에 몸담았던 작가는 교사 생활의 경험담을 주로 글감으로 많이 다룬다. 그에게 교직은 천직이었고 혼신의 힘을 다해 열정을 바치는 즐거운 일이었다. 직업인으로서의 고달픔은 찾을 길 없고 보람과 감사로 넘쳐나는 그의 글은 수필이 갖고 있는 자기 체험의 솔직한 묘사라는 덕목에 매우 충실한 답을 보내고 있다.

솔직성, 실수의 미학

수필에서 솔직성을 강조하는 것은, 수필이라는 글이 자신의 체험을 바탕으로 쓰는 글이다 보니 자칫 실수를 좀 희석하거나 미화시키는 유혹에 빠지지 말라는 경고나 마찬가지다. 인간은 실수하기 마련이어서 그 실수를 솔직하게 털어놓고 그에 대응했던 작가의 경험에서 독자는 자신의 모습을 발견하며 감동하는 것이다. 수필을 실수의 미학이라고 하는 이유이기도 하다.

> 남편에게 한 소리 들을 생각에 다시 걱정이 되었다. 저녁 식사 때 아니나 다를까 남편은 느긋하게 한 말씀을 하신다. "자네가 나를 죽이려고 해도 나는 죽지 않았어. 내가 질식해서 죽었더라면 자네는 과실치사로 조사를 받게 되는데, 부부간의 사이가 좋았는지, 그렇지 않으면 불화가 많았는지, 또 이웃 간에도 어떻게 지냈는지 모두 조사를 받게 돼." 그러면서 웃지도 않고, 농담 반, 진담 반으로 은근히 나를 책망했다.
>
> 남편이 별소리를 다 해도 당신을 위해 토마토를 삶아놓고 가려 했다는 변명도 안 했다. 잘못은 내가 한 것이기 때문에 억울한 소리에도, 귀에 거슬리는 말에도 꾹꾹 참으며 가만히 들었다. 내가 여유를 가지고 서두르지만 않았어도 이런 큰 실수는 하지 않았을 것이다. -「아! 깜빡했네」 중에서

집을 나가면서 가스불을 끄지 않은 것이 포천에 당도해서야 생각나 딸에게 연락해 응급처치를 했으나 올려놓은 토마토 냄비는 새까만 재강아지가 된 지 오래였고 온 집 안에 배인 탄내는 종일 가도 없어지지 않았다.

남편이 무슨 말을 하던 내 잘못이니 그대로 듣고만 있겠다는 작가의 글 속에서 진한 부부애도 느끼게 하면서 자신의 실수를 솔직하게 인정하는 모습이 아주 순수하게 표현되어 있다. 한혜정 작가의 부부애는 신뢰와 무한한 사랑을 바탕으로 해서 잔잔하게

수필 곳곳에서 향훈처럼 배어난다.

수필에서의 솔직한 표현이 얼마나 중요한 것인가를 가르치는 교과서 같은 수필이다. 변명이 필요 없다는 작가의 말이 바로 한혜정이라는 수필가의 솔직 담백한 모습을 그대로 보여주고 있다.

경쾌한 문장

솔직한 표현일수록 잘 다듬어지지 않으면 글이 힘을 잃기 쉽다. 유려한 문장이 뒷받침해 줘야 제맛을 낼 수 있다. 한혜정의 경우는 문장이 경쾌해서 힘이 있고 공감을 쉽게 일으킨다. 천착하지 않고 간결하면서도 밝은 톤으로 글을 이끌어가는 한혜정의 수필은 힘이 있고 명랑하다.

노년을 쓰는 작가들이 하나같이 빠지는 늪이 신세 한탄에 매달려 있다는 문제이다. 아픈 이야기, 세월이 아쉽다는 말, 자신의 현재 심경이 외롭고 쓸쓸함을 주체하지 못하는 상황 등등이다. 이런 글은 동년배인 노년 세대의 독자도 외면하고 젊은 세대는 아예 연민의 정도 주지 않고 넘겨버리기 일쑤이다. 한혜정은 이런 경지를 넘어섰다. 노년의 문제도 미래를 보며 밝고 희망차게 다가간다.

요즘 '아코디언'이라는 새로운 악기에 도전하면서, 탄탄한 실력으로 멋지게 연주하고 싶은 새로운 꿈이 생겼다. 나이는 숫자라 했으니, 노년이지만 나목인 가로수 사이에서 빛을 발하는 분홍 꽃처럼 아름답고, 반짝반짝 빛나는 제2의 전성기를 꿈꾸어 본다.

-「내 인생의 전성기」 중에서

제목부터 힘이 솟는다. 노년을 제2의 전성기로 접근하니 희망이 보이고 발걸음이 가볍다. 자연히 문장이 경쾌할 수밖에 없다.

이런 작가의 밝은 성격은 매사를 긍정적으로 보기 때문에 난관에 부딪혔다고 생각할 때 당황하는 대신 순발력을 발휘한다. 그 순발력이 해학적이고 기지에 넘치는 수필을 빚어내게 하는 일등 공신이다. 앞에 닥친 상황에 민첩하게 대응하면서도 결과에 대해서는 하늘에 맡기는 순리의 작가이다.

알고 보니 나와 6학년 김영환 선생님은 학교대표로 특정 수업을 한 것이었다. 김 선생님은 교감 선생님께서 아침에 알려주셔서 알고 있었다고 했다. 그래서 왜 저에게는 알려주지 않았느냐고 여쭈어보았더니, 여자 교감 선생님께서는 "어머나, 어쩌지? 내가 알려주려고 한 선생님 교실로 가다가 뒤에서 "교감 선생님, 전화 왔어요." 하는 바람에 다시 교무실로 와서 전화 받고 깜빡했네!" 하시며, 대단히 미안해하셨다. 이왕지사다. 만약 알고 수업했다면 더 부담되지 않았을까 하는 생각이 스치고 지나갔다. 모르고 했기 때문에 자연스럽게 수업을 할 수 있었는지도 모른다고 생각하니 오히려 알려주지 않은 것이 더 고맙게 여겨졌다.

인생도 비슷한 데가 있다. 죽을 날을 미리 알고 산다면, 아무리 행복하게 산다 해도 떠날 날이 가까울수록 얼마나 초조하고 불안할까? 한 치 앞을 모르고 사는 인생이 다행인 듯싶다. 우리 말에 '모르는 게 약이다.'라는 말이 있지 않은가?

-「모르는 게 약」 중에서

성찰

아무리 솔직하게 쓰고 순발력 있는 내용을 재치 있게 써도 자신의 일에 대한 깊은 성찰이 없으면 그 수필은 다 읽고 난 후에 가슴이 텅 비어 있어 바람이 새 나가는 느낌을 받기 쉽다. 한혜정은 그런 성찰을 놓치지 않는다.

정말 오늘이 마지막이라면 무슨 미련이 있을까? 아직은 삶의 의욕이 있어서 내일을 의식하며 살고 있는 것이다. 그래도 집주인처럼 군림하고 있던 짐들을 쫓아냈으니 이제부터는 내가 진짜 집주인이 된 듯싶다. 그리하여 사는 날까지 정리된 이 집에서 홀가분하게 살 수 있는 희망을 가져본다. 그동안 짐에 치여 피곤하게 살았던 세월이 아깝기는 하지만 앞으로의 세월은 실속 있는 집주인으로 행복을 느끼며 살고 싶다.

-「집주인이 되고 싶다」 중에서

저장벽(못 버리는 버릇)에 대한 수필도 대단히 많은 작가들이 쓴다. 대부분 그 주제나 구성이 엇비슷해서 신선감이 떨어지기 쉬운 글감이다. 그런데 한혜정은 그 흔한 글감을 가지고 집주인이 되고 싶다는 엉뚱한 듯한 접근으로 호기심을 유발하고 결말에서 깊은 성찰을 토로하면서 독자를 감동으로 이끄는 데 성공했다.

그리움

한혜정의 수필에는 절절한 그리움이 저변에 깔려 있다. 떠나온 북쪽의 고향, 열정을 쏟았던 교단에서의 일들, 제자들, 모두가 그리움의 대상이다. 연전에 앞서 하늘로 간 남편에 대한 그리움은 잘 정제되어 은근히 배어 나오는 향훈처럼 그의 수필에 박혀 있다. 가방 하나에까지 호불호의 뜻을 밝히던 관심도 그리고 친구들까지 초대해서 크게 한턱을 냈던 그날도 그립고 처음 만나게 되었을 때의 사연도 그립다. 통일을 못 보고 돌아가신 부모님도 그립다. 민족의 한이라지만 자신의 그리움에 비하면 산만큼 컸을 부모님의 북녘 고향 그리움을 생각하면서 부모님께 못다 한 효의 아쉬움까지 겹쳐 그의 그리움은 풍선처럼 커진다.

> 과거에 빨간 구두와 빨간 가방으로 감정이 상했던 때를 회상하며 운동 끝나고 오면서도 새로 산 가방을 보고 또 본다. 역시 '빨간색 가방이 예쁘구나!' 하며 딸들이 선물로 사다 준 명품가방 못지않게 마음에 들어 잘 샀다고 생각했다. 그 생각과 함께, 남편에겐 좀 미안한 생각이 들었다. 옛날에는 그렇게 싫었던 핀잔의 소리까지도 이제는 그리움의 대상이 되었으니, 빨간 구두와 빨간 가방은 젊은 날의 잊지 못할 추억이 되었다.
>
> -「빨간 가방」 중에서

실패와 성공을 되풀이하고 사는 우리의 인생과도 같은 것이 골프라 생각하며, 행여나 꿈같은 홀인원 하나 잡으면 대박 나고 큰 영광이리라! 남편이 보고 싶다. -「홀인원」 중에서

사랑

한혜정의 수필은 주제가 거의 사명감과 사랑이라 해도 과언이 아니다. 맡겨진 일에 대한 사명감으로 집안일도 학교 일도 최선을 다하는 모습이 그의 수필 대부분의 글감과 회고 속에 녹아서 독자의 가슴을 파고든다. 감동을 거쳐 유익으로 이끄는 흡인력이 있다. 그 원천은 경쾌하고 거침없는 문장이다. 그리고 희망과 자신감이 넘치는 필치가 독자를 춤추게 한다.

남편을 존경하며 사랑했던 그의 부부애는 은유와 절제를 통해 은근히 표현됨으로써 수필의 깊은 맛을 느끼게 한다. 자녀 사랑, 가족애, 제자 사랑, 그리고 자신의 삶에 대한 사랑, 교직의 모든 일이 사랑의 대상이었던 작가는 매사에 최선을 다한다. 모든 일에 즐겁게 대응하며 성취감을 담아내고 있다. 그 속에서 그의 주제는 선명하게 전달되어 빛을 발하고 독자에게 유익을 끼친다.

노년에 대응하는 것도 희망과 사랑이다. 삶을 사랑하고 나를 이 땅에 보내신 분을 사랑하기에 모든 것이 즐겁고 자신만만한 것이다. 한혜정의 수필은 승리의 노래이다.

pen
INTERNATIONAL

국제PEN한국본부
창립70주년기념 산문선집 13

내 인생의 사계

발행일 2023년 12월 20일

지은이 한혜정

발행인 강병욱
발행처 도서출판 교음사

03147 서울 종로구 삼일대로 457 수운회관 1308호
Tel (02) 737-7081, 739-7879(Fax)
e-mail : gyoeum@daum.net
등록 / 제2007-000052호

* 잘못된 책은 바꿔 드립니다. 값 13,000원

ISBN 978-89-7814-955-6 03810